基于核心素养的高中化学教学策略

黄静 ◎ 著

电子科技大学出版社
University of Electronic Science and Technology of China Press
·成都·

图书在版编目（CIP）数据

基于核心素养的高中化学教学策略/黄静著.—成都：电子科技大学出版社，2023.10

ISBN 978-7-5770-0606-2

Ⅰ.①基… Ⅱ.①黄… Ⅲ.①中学化学课-教学研究-高中 Ⅳ.① G633.82

中国国家版本馆 CIP 数据核字（2023）第 187643 号

基于核心素养的高中化学教学策略
JIYU HEXIN SUYANG DE GAOZHONG HUAXUE JIAOXUE CELÜE

黄　静　著

| 策划编辑 | 罗国良 |
| 责任编辑 | 罗国良 |

出版发行　电子科技大学出版社
　　　　　成都市一环路东一段 159 号电子信息产业大厦九楼　邮编 610051
主　　页　www.uestcp.com.cn
服务电话　028-83203399
邮购电话　028-83201495

印　　刷	北京京华铭诚工贸有限公司
成品尺寸	240mm×170mm
印　　张	13
字　　数	226 千字
版　　次	2023 年 10 月第 1 版
印　　次	2024 年 4 月第 1 次印刷
书　　号	ISBN 978-7-5770-0606-2
定　　价	60.00 元

版权所有，翻印必究

前言

化学作为学生在高中阶段必修的一门课程，在整个高中教学体系中的作用至关重要。在新课改的整体环境下，高中化学教学理念和模式发生了转变。在化学学科核心素养指导下，化学教学的有效性实现了明显的提升。高中化学学科核心素养是学生发展核心素养的主要内容，同时是学生综合素养的重要体现，既反映了社会主义核心价值观下化学学科育人的基本要求，又充分展示了学生经过化学课程学习后形成的重要技能和必备品格。

教师在进行高中化学课堂教学的过程中，应将学生的生活背景作为基础，以他们比较容易理解和接受的方法进行课堂教学，并引导学生将生活经验化学化，化学知识生活化，真正实现化学源于生活、用于生活。同时，通过创设化学生活化的课堂氛围，激发学生将生活经验应用于化学问题，这样能促进他们了解化学知识，正确处理化学问题，全面掌握化学技能，熟悉了解化学语言，进而培养化学思维。从而提高了化学课程教学质量，让学生更加熟练掌握化学知识，进一步加深学生对化学概念的理解和记忆，进一步培养学生的化学思维能力和实践能力，进一步调动学生对化学学习的兴趣和积极性，同时指导学生将掌握的化学知识应用到实际生活中，用化学概念理解生活，解决生活问题，发现化学乐趣，进而提高化学应用水平。

新形势下，在基于学科核心素养视域下的高中化学课堂教学策略上，仍存在着不少问题亟待解决。本书主要从化学学科的核心素养和高中化学课堂教学理论入手，着力分析并研究基于化学学科核心素养下的有效教学策略、基于化学学科核心素养下的高中化学课堂教学模式、基于化学学科核心素养培育的高中化学课堂教学设计、基于化学学科核心素养下的高中化学教师教学能力的提升四个方面，旨在实现化学理论教育与实践教学的高度结合，以培养学生的创造性思维，攻克学生在生活、工作与学习方面出现的具体问题，培养学生的综合能力，实现学生的全面发展。

从目前的高中化学的教学情况来看，如果为了更好地培育学生的化学素质，就必须以学科核心素质理念为引导，从学科核心素质方面出发，积极选用合适的教学方法进行高中化学课堂教学，进而使学生可以逐步形成优秀的学科核心素养，并能使学生的化学综合能力和素养水平得到有效提高，使高中的化学教学和学生能力都可以得到良好发挥。

本书在写作过程中，广泛参阅了相关问题的研究成果，借鉴了一些专家学者的观点和看法，在此谨向他们致以敬意和谢意。由于笔者水平有限，书中难免存在疏漏，还请读者朋友们批评指正。

作　者

2023 年 4 月

目录

第一章 化学学科核心素养概论……1
- 第一节 化学学科核心素养的提出背景……3
- 第二节 化学核心素养的内涵与认识……6
- 第三节 化学学科核心素养的教学评价……8
- 第四节 化学学科核心素养和课程目标……13

第二章 高中化学教学理论……17
- 第一节 指导高中化学教学的基础理论……19
- 第二节 高中化学教学特征与教学原则……26
- 第三节 高中化学教学过程与教学方法……33

第三章 基于化学学科核心素养下的高中化学有效教学策略……45
- 第一节 基于化学学科核心素养下实施有效教学的基本观点……47
- 第二节 基于化学学科核心素养下有效教学的展开与标志……50
- 第三节 基于化学学科核心素养下创设真实问题情境……54
- 第四节 基于化学学科核心素养下课堂有效教学的路径探究……57

第四章 基于化学学科核心素养下的高中化学课堂教学模式……61
- 第一节 "任务驱动法"教学模式……63
- 第二节 体验式教学模式……77
- 第三节 生本理念教学模式……91
- 第四节 活动单导学教学模式……105
- 第五节 项目式教学模式……113

第五章　基于化学学科核心素养培育的高中化学课堂教学设计……121
第一节　高中化学课堂教学的流程及策略……123
第二节　高中化学教学情境素材的开发与使用……127
第三节　高中化学学科内容的结构化分析与设计……135
第四节　高中化学课堂教学活动系统的设计与规划……142
第五节　高中化学课堂的学习评价设计……149

第六章　基于化学学科核心素养下的高中化学教师教学能力的提升……155
第一节　教学关键能力及其提升路径……157
第二节　增进对化学学科的理解……162
第三节　提升教育教学认知素养……169
第四节　培育学情分析诊断能力……176
第五节　课堂教学监控能力培育……183
第六节　培育与提升教师的课程意识……190

参考文献……199

第一章

化学学科核心素养概论

第一节　化学学科核心素养的提出背景

第二节　化学核心素养的内涵与认识

第三节　化学学科核心素养的教学评价

第四节　化学学科核心素养和课程目标

第一节　化学学科核心素养的提出背景

核心素养在学生综合发展方面的具体含义为符合社会所需要的、适应学生终身发展的、学生发展自身所必须具备的关键能力和优秀品格，突出展现为学生在实践方面的创新、在身心方面的健康、在学习方面的理解力、在审美方面的欣赏能力、在科学方面的探索精神、在传统文化方面的掌握能力、在国际方面的理解能力、在国家层面的认同感以及在社会层面的责任感的综合表现。

一、社会责任

社会责任，是指公民在解决与他人（家庭）、组织、社会、自然人等交往问题和关系过程中的情感意识和行为表现。具体包括以下四个方面内容。一是真诚友善，重点是自尊自律，诚实守信；文明礼貌，宽以待人；孝亲敬长，有感恩之心；热爱社会公益活动和志愿服务等。二是合作担当，重点是积极参与活动，具有组织合作的意识；对自身和他人负责；履行公民权利和义务，维护社会公平等。三是法治信仰，重点是敬畏法律，敬畏法治；明辨是非，具有纪律意识和法律行为；依法律己，依法行事，依法维护个人和集体的合法权益；重视自由与平等，坚持社会公平公正等。四是生态意识，内容包括关心与敬畏自然，与大自然和谐相处；环保，节约资源，研究实现环境保护的有效方法；建立可持续发展的观念和行动等。

二、国家认同

国家认同一般体现为个人对国家政治经济体系、基本价值思想、民族精神传承等领域的了解、认可与遵从。具体包括三个方面的内容。一是国家意识，重点是了解祖国背景，维护祖国统一、维护国家安全与民族团结；热爱祖国，承认国民地位，对祖国有更强烈的民族认同感；自觉捍卫祖国尊严和利益等。二是政治认识，重点是爱党；理解、接受并积极践行社会主义核心价值观；具有中国特色社会主义共同理想，并具有为实现中华民族伟大复兴中国梦而奋斗的志向和行动等。三是文化自信，主要包括了解中华民族文明发展的历史进程；认可和重视中华民族的社会主义进步文明成果；理解、欣赏、积极传承中华民族的传统文化和社会主义优秀成果等。

三、国际理解

国际理解主要体现了个人对全球动态、多元文明、人类共同发展等领域的理解与关注。具体分为两点介绍。首先是全球视野，要点是树立对外开放的态度；熟悉人类文明进程与全球文明动向；关心人们面对的全球化问题，认识人类命运共同体的含义和价值等。其次是重视差异，重点是认识全球差异文明；充分了解、重视并接纳文明的多元化与差异化；积极参与多元文化交流等。

四、人文底蕴

人文科学底蕴主要是个人在掌握、了解、应用人文科学的专业知识与技术等方面体现的情感意识与价值取向。具体分为两方面介绍。一是人文积淀，主要是总结古今中外人文科学的知识与研究成果；了解人文科学思潮中所蕴含的认识方式与实践方法等。二是人文情怀，既注重又需体现出以人为本，重视、捍卫人的尊严与价值；关注人的存在、发展与福祉等。

五、科学精神

科学精神，主要是指个人在了解、理解、应用基本科学理论知识和科学技术成就等方面所表现的价值目标、思维方式和行为规范。具体包括三个方面的内容。一是个人崇尚的科学知识，主要是指通过了解最基本的科学知识和成就，掌握最基本的科技手段，在科学真理面前人人平等。二是理性思维，重点是尊重事实，具备强烈的求证意识和严肃的求知心态，理性思维严密，逻辑清晰，能运用科学的思维方式认识事物、解决问题、规范行为等。三是勇于探索，重点是具备百折不挠的探索精神；能提出或研究问题、建立假设，并运用科学方式检验或求证、提供论证意见等。

六、审美情趣

审美情趣，主要指个人对美术的认识、感受、表述等方面的综合表现。具体有两部分内涵。一是感悟鉴赏，主要指个人掌握美术的基本知识、技巧和方法；同时具备发现、认识、鉴赏、评价美的知识等基本能力；拥有正确的美学价值观念；

学会珍爱美好事物等。二是艺术表现，主要指具备美学表现和艺术表演的爱好与能力；具备生成和创造美的意识；能够在生活中丰富和升华美，提高品质等。

七、学会学习

学会学习，主要体现为个人对学习态度、方式、方法、进度等方面的选择、评价和调控。具体包括三方面内容。一是乐学善学，要求学生具有良好的学习态度和强烈的学习欲望；具有良好的阅读习惯；能够独立阅读，并强调共同学习；具备终生学习的基本能力等。二是勤于反思，特别是对自身的知识学习情况有明确的认识；可以针对各种情况和自己实际，选用正确可行的学习策略和方式等。三是数字知识，特别是具备信息处理能力；有数字化生存能力；积极应对"互联网+"等的智能化发展趋势等。

八、身心健康

总体上，身心健康主要指个人在正确认识自己、健康身体、设计生活等方面的健康体现。具体包括三个方面内容。一是珍爱生命，重点是了解人生意义和人生价值；形成安全意识与自我保护意识；学习适合自身的锻炼方法和技能，养成良好的行为习惯和生活方法等。二是健全人格，重点是能调整和管理自身的情绪；形成积极向上的心理品质，自信自爱，坚持快乐；积极沟通，合理交流，建立良好的关系等。三是适性发展，关键是能正确判断与评估自我；根据自身特点和潜力，选择正确的成长途径；有计划、合理地安排和使用时间与资源；具有实现目标的持续行动意识等。

九、实践创新

实践创新，是指个人在勤于实践、敢于创新等方面的行为。具体包括以下三个方面内容。首先是热爱劳动，主要包括具有良好的劳动态度；经常进行各种形式的家务劳动、生产劳动、社会公益活动中的实践；有良好的动手操作能力等。其次是批判质疑，重点是充满好奇心与想象力，敢于怀疑；善于发掘新理论、新方法、新思路，能够进行理性分析，能进行主观判断等。最后是问题解决，要善于鉴别和发现新问题；富有解决问题的积极性和激情；能够针对特定现象和具体条件，寻求规律并提出正确答案；具有创新意识，能够将创新的理念生活化、现实化等。

第二节　化学核心素养的内涵与认识

高中化学教学的目标的两个：一是学生参加考试；二是培养学生的学科素养。但实现上述两点都必须在学生学科知识体系建立和学习能力培养的基础上进行，只有这样才能为将来学生学习更高级的化学知识奠定坚实的基础。所以，教师在高中化学教学中，一定要重视培养学生的学科素养，以此强化核心素养，最终提高学生化学学科的学习能力。

一、化学学科核心素养的内涵

通过提高学生核心素养，教师可以更好地帮助学生发掘自身的潜能，从而克服"应试教育"环境下所引发的"有知识，无素养"的教育问题，从而使学生能够更好地建构和掌握具体的知识点。大部分学生的记忆都停留在抽象的概念上，他们对于相关知识点的掌握往往缺乏深度性和系统性，也缺乏灵活的思维方式。因此，他们往往仅限对于记忆性知识的考查，无法将其真正转换为实际应用的技巧，从而无法发挥出知识点真正的重要作用，因此，怎样把课堂上的知识点转化为具体的教育素养是当前我们课堂教育改革中需要解决的重点难题。

素质的定义是指一个人在工作与生活中所表现出来的思想与行为或在解决问题时所表现出来的一种能力。任何一个具备素质的人都是"正能量"和"负能量"的混合体。同时也说明了化学知识是一把"双刃剑"，具备价值取向属性。在新的课程体系中，特别强调了有机化学专业的基本素养，这些素养体现了社会主义核心价值观下，化学学科培养人才的核心要求。

学生通过学习基础化学知识，除掌握了必备的综合素质及知识能力外，还形成了正确的价值观念。这是化学学科素养的核心要求。"正确的价值观"属于价值取向，"必备品格"主要属于非智力因素，"关键能力"主要属于智力因素，三者的关系可以用图1-1表示。

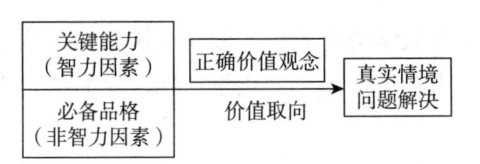

图 1-1　化学学科核心素养的内涵

二、化学学科核心素养与科学素养的关系

科学素养和化学学科核心素养之间存在着必要的关联性，同时也具有区别性。拥有科学素养可以帮助我们更好地理解化学学科的核心概念，但是，要想真正掌握这些概念，我们需要从化学基础理论出发，深入探究它们之间的差异和关联，以便更好地完成课程教学目标。

（一）化学课堂教学的圈层结构

通过对化学课程的综合教学，我们可以发现，当一些化学知识开始被学习时，"教学层"和"认识层"就已经成为课堂教学的两个重要组成部分，它们共同构成了整个课程教学。教师可以使用几句话来引导学生，如"通过这些实验事实，大家能得出什么结论？"再预留时间进行集体讨论。在这中间，实验过程和结果则属于化学知识，也就是图 1-2 中间的"知识层"；"能得出什么结论"则属于"认识层"，可以帮助学生运用启发的方式归纳推理的方法；当"需要集体进行讨论"又属于"教学层"中的"讨论法"。上述三者之间的关系可以用图 1-2 的圈层关系来表示。

图 1-2　化学课堂教学圈层结构

从化学认知的角度来看，教师需要掌握一些基本的知识，比如认知的形式、方法和手段。而从化学教学的角度来看，教师也需要采取有效的教学方法，以便更好地理解这些基础知识。因此，在化学课堂教学中，教师应该把这

两者结合起来,以提高教学的有效性。圈层结构模式为我们提供了一种新的思考方式,即教师应该更加关注学生的化学认知,从而使化学课程更加具有实践性和实用性。

(二)认识的层级结构及其与教育、素养之间的对应关系

通过认知学的视野,我们发现,人的智慧来源于三个方面:哲学、科学、化学。这三个方面构建了一个完整的智慧体系,涵盖了教育、科学教育、化学教育、核心素质教育、科学素质教育、化学学科素养教育等,并且这些素质教育都有利于培养学生的创新能力、实践、创新奉献精神,为学生的未来发展打下夯实的基石(图1-3)。

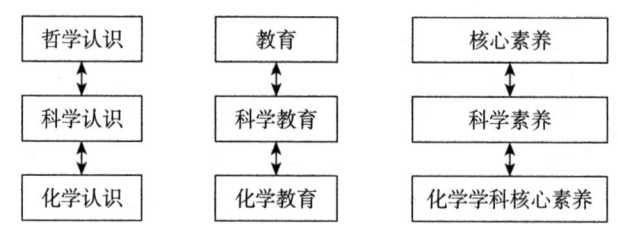

图1-3 认识的层级结构及其与教育、素养之间的对应关系

(三)化学学科核心素养是对科学素养的深化和具体化

从认识的层级结构及其与教育、素养之间的对应关系,我们可以看到,化学学科核心素养是学生应该必备的科学素养,这也是由化学学科特性来决定的。因此,发展学生化学学科核心素养一定要从化学学科层面来落实和培养,一定要反映和体现化学的学科特性,并将科学素养科学化和具体化。从上述结论可知,科学素养正体现了新课标的先进性和创新性两个特点,而积极发展和深化科学素养必须要依靠学生的化学学科核心素养。

第三节 化学学科核心素养的教学评价

经过新课标的综合实践,按照新课标的培养目标与要求,针对详细复杂的课程实践,教学评价应当评什么、如何评价,怎样将教学评价当成课堂变革的

导航器、推动力，怎样通过教学评价引领老师积极适应新课程思想、积极变革课堂理念与方法等，都成为必须研究的新课题。

化学教学评价是化学教学系统的主要部分，尽管它并没有直接使化学知识形成创新，但是它的内涵与形式却对化学创新教育的实施以及学生创造力的养成，起了关键性的促进作用。但是就当前中国化学教学评价的实际情况来看，在方式上又是近乎简单的成绩考核形式；在内涵上又是基本只着眼于化学知识方面的考核。正是这样，才使得"教师为分而教、学生为分而考"的情况更严重地出现在了今天的化学课堂上，而这种情况既不利于学生创造力的培育与创新品格的形成，也无法满足高中化学创新教育的特殊需要。所以，需要对它加以改造，以保证我们的化学创新教育尽快落到实处。笔者只是就化学课程评价中的知识评估的改革方向说些自己的观点。

在化学课程评价的诸多方面，对教学质量的考核是其核心所在，其内容与方法在很大程度上决定了老师的教与学生的学。高中化学新课程的开展，需要根据学校的要求在如下几个方面进行改革与完善。

一、注重评价内容的全面性

化学课程目标的设定方式十分多样化，而当前，最受普遍认可的是关于化学教育目标的分类法，基本上就是根据布卢姆的化学教育目标分类法。该法将化学教育目标界定为运动技能、情感和认知三种领域。但在中学化学课程中的教学方法也不例外，它的丰富多元的化学教育理念也主要反映在了以上三种领域。多样的化学教育目标，往往需要健全的化学教育评估机制才能确保其目标的实现，但在我们的化学教育中由于人们长期以来只关注着对化学课程目标的客观评价，考什么教什么，如何考就怎样教，把无法体现的情感目标和运动操作技能目标全部排除在被评价目标之外，从而导致了化学教学评估目标和学科教育目标之间的巨大脱节。但上述问题，也是与高中化学创造性教育的先进教学思想极不相符的。高中化学创新性教育特色和教学方向中的多面性，都规定了高中化学教师评价过程应该是全面的，不能局部化；这应该与高中化学教材的课程目标相吻合，但又不能完全脱节，即对高中化学创新培养下的化学课程评价，首先必须要对学生的化学理论知识和基本方法的掌握情况，对学生专业能力、探索意识、创造力等和基本技能的开发状况，还有对学生的创造力、探索能力，对掌握化学的浓厚兴趣等，都作出了充分的评价。

二、注重评价方法的多样性

高中化学教育目标的多样化理应需要通过多样的教育评估方式与之相对应，只有这样方可将全面的化学教育评价标准落到实处。一般而言，对化学创新教学的常规评价方式大致有这样几类。

（一）考试（笔试）

在化学创新课程的多种教育考核方式中，笔试仍然是至关重要的一项，在人们强烈呼吁创新、鼓励创新教育的今天又大肆指责单纯的笔试考核方法不利于化学创新课程发展的同时还论及考试，可能会给人一种不平衡的印象。其实试题对于化学创新教育在实质上并不排斥，但问题的重点还是在于考试的具体题型、怎样考试的问题，因为较差的试卷只能限制学生发展，但较高水平的试卷却完全能够为新知识的发展助力。所以为了彰显化学创新精神、指导化学创新教育实践，我们就需要对化学考试加以改变，对试卷也要以将能力立意转化为知识立意为导向，重点从以下角度进行调整。

1. 增大主观题的比重

常见的化学试题类型可分为主观性试题和客观性试题两类。化学考核的试卷类型中最常见的客观性试题，主要有选择题、填空题、简答题等；常见的主观性试题，大多为计算题、论文题等。两类试题尽管各具特色，但比较而言，只有题干的主观性的化学试题在检测学生对于化学知识的掌握能力与综合分析能力、学生灵活运用所学化学知识解决新问题的能力，以及学生的创新能力等方面都有着得天独厚的优势，所以我们要在高中化学科目的考试试题中，适度提高简答题、案例题等试题的比重。

2. 开发体现创新精神的新题型

就目前的化学考试题而言，通常都是以化学基础知识为立意的试题较多，以化学技能立意的试题则较少。为了改善这一问题，彰显创新教育，带动化学科技教育的发展，在化学测试领域可探索研究以下题型的测试。

（1）"开放性和情景性"的试题。开放性试卷，是指考题的条件是开放式的、教学内容是开放式的、思维的过程以及结果是开放式的，这种试卷形式能够有效提供给学生自由展示个人才华的机会，也可以充分运用所学的化学理论知识处理日常生活中的某些现实问题，从而加强化学课程教育中的理论知识与实际的有机融合，对于培育学生的创新思想与创新精神很有益处。

（2）"跨学科知识"的试题。综观当今重大的学术课题，绝大多数强调的是专业间知识点的整合，所以化学试题也应注意研究各种学科知识之间相互交叉渗透的试题形式，以增强化学专业与其他有关专业之间的关联性，并结合或应用已有的知识点解题。而这种试卷形式的研究方法与当今推行的我国高考的"3+X"教学模式在精神上是一脉相承的，如让学生通过运用化学原理开展的化学试验说明浓硫酸的脱水性质，便是此类问题中绝佳的例子。

（二）档案袋评价法

这个方法是满足化学创新教育对化学课程评价提供的全新需求而引入的一个评估手段。主要是给每位学生设置一类化学档案袋，然后把学生在课堂上各种反映创新精神和创造力的活动和方法一一记载下来，其中就有一些化学学习策略表、化学小作文、课外小作业、小试验，特别是家庭测试和微型化学实验，还有一些比较好的化学解题方法等。采用这个方法，经过一段时间，每位学生的创新精神和创造力很快就能在档案袋上体现出来。

（三）观察法、调查法及谈话法等

关于化学课程目标中无法衡量的情感方面以及动作技术方面的课程目标如学生的化学知识趣味、创造性、爱国主义热情和辩证唯物主义观点等方面可采用观察法、问卷调查法和访谈法等一些定量分析的手段加以衡量。

三、注重评价标准的科学化

教学评价从评价的标准来分通常可以分为绝对评价法、相对评价法和个体内差异评价法三种形式。绝对评价法是指在被评价对象集合之外确定一个标准，然后将评价对象与之相比较而进行的评价，它的最大的特点就是它的教育性，被评价者通过评价后看到自己的进步会激发其继续前进的斗志；相对评价法是指以某一集合的平均状况为基准，再把被评价对象与之相比较来评价每个被评价对象在该集合中的相对位置，它往往容易造成学生之间的激烈竞争，尤其是对后进生的发展不利；个体内差异评价法是以评价对象——学生自身为参照物进行的评价，由于是跟自我相比较，充分考虑了学生之间的个体差异，因此较绝对评价法更能体现出它的激励性，它的这一特点对化学创新教学尤其重要，因为它有利于增强学生的自信心和创新能力的培养。从三种评价标准法的优缺点可以看出，化学创新教学在开展教学评价时，应该灵活运用绝对评价法，允许不同的学生按不同的速度达到化学创新教学的目标，慎重运用相对评价法，大力提倡以往化学教学评价中常常缺少的个体内差异评价法。

四、注重学生的自我评价

教育评价是指从评价的主要部分来分，可以分为他人评价和个人评价两种方式。在我国，目前的现代化学教育评价中基本上是他人评价，其中，由于老师有给学生打分数的绝对权力，而学生则仅仅处在被动的接受评判的角色中，这就导致了他们的主动性得不到应有的发挥。因此，现代教育评论认为，老师必须充分地考虑到对学生自身进行的自主评价的重要作用，这不仅可以帮助他们及时发现学习中出现的新问题，从而准确掌握自身的知识情况、提高他们的主动性，更关键的是还可以提高他们的自主评价水平，从而发挥他们的自主学习能力和自我创新能力。所以，化学创新课程在实施教育评估中不但要做好以他人为主的外界评估，也要重视学生本身的自主评估，使二者实现完美的有机融合。

随着新课标的不断更新与完善，化学教学的评价也发生了巨大的变化，表现为多样化的评价方式、评价内容和评价主体。不管是对化学教学的哪一种评价，教师作为教育的主要研制者和实施参与者，也必须抓住当前我国新课程评价改革的思想，关注化学学科评价的基本教育作用及其正向的导向功能，从而发掘和促进中学生身心各方面的潜能。教师必须要充分认识到化学教学评价工作在化学教学系统里的关键地位与统率作用，还应该深切认识到当今我国在化学教学评价中学生评价方面的不足，及其对开展化学教学创新工作的限制作用，由此增强教师对于化学教学评价中学生评价方面的责任感。

第四节 化学学科核心素养和课程目标

一、化学学科核心素养

（一）化学学科核心素养概要

高中化学学科核心素养是学生核心素养发展的重要组成部分，是高中生整体素质的真实体现，体现了社会主义核心价值观下的化学学科教育的基本要求，全面展示了学生通过学习化学课程所形成的主要技能和必备素养。这些都是学生在化学认知活动中发展起来的、在解决化学相关问题中表现出来的关键素养。它反映了学生化学学习的方式和水平。从化学的角度认识客观事物，这些素养主要包括"宏观辨识与微观探析""变化观念与平衡思想""证据推理与模型认知""科学探究与创新意识""科学态度与社会责任"等五大维度。这五个方面体现了化学研究特征的独立性，凸显了化学从微观方面认识事物，从符号形式描述事物，从各个层面创造事物的特征。

1. 专业基础是我们提高化学专业基础素质的载体

现代化学开展教育的主体就是教授化学基本知识，化学课程标准须依照学生化学基础能力和水平以及个体发展需要选择化学课程的主题、模块和系列，但这些课程、模块和系统都需要将化学基础知识进行科学有效的融合。学生在逐步了解化学基础知识的过程中，将逐步形成和培养化学学科的基本素养。因此，"宏观识别、微观分析"要求学生从宏观和微观相结合的角度分析和解决实际问题。通过必修的"主题三：物质结构基础与化学反应规律"的学习，学生将建立起"宏观识别和微观分析"的初步能力；在选修模块"材料结构与物质"的学习中，学生将提高"宏观识别和微观分析"的"发展能力"；在学习"基础有机化学"模块中对官能团的理解时，可以利用"宏观识别和微观分析"来解决具体问题。

2. 学科能力是学生发展化学核心素养的保障

学生在学习化学知识的过程中所表现出的持续稳定的基本心理特征和综合

能力特征就是学科能力，依照《2017年考试大纲》里面关于化学学科能力的"三点七条"要求，将化学学科能力分成了综合分析能力、实验探究能力、推理论证能力和理解能力四部分，其中，综合分析能力和实验探究能力是"科学探究和创新意识""科学态度和社会责任"，理解能力是化学学科素养中五个要素得以发展的重要的基础，推理论证能力的高低决定了"变化观念与平衡思想""证据推理与模型认知"的发展水平。

3. 学科思想方法是化学核心素养的实质

化学学科思想是人们在认识化学的实践活动中形成的思维方式和意识形态。它是对化学学科的性质、特征和价值的基本认识。化学是从原子、分子水平研究物质的组成、结构、性质、变化和应用的一门基础学科。其学科思想极为丰富，主要有：物质运动思想，即物质是运动的，物质运动有规律；素材分类的思想，即树分类、交叉分类；物质守恒的思想，即质量守恒、电荷守恒、电子守恒、得失守恒、能量守恒；动态平衡思想，即化学平衡、电离平衡、水解平衡、沉淀溶解平衡；唯物辩证思想，即对立统一、量变与质变、现象与本质、一般与特殊；绿色化学思想，即绿色发展、环境友好。化学学科核心能力发展的本质是落实在化学学习过程中，用"宏观—微观—符号"认识物质及其变化，帮助学生树立正确的世界观，形成科学的方法论。

了解物质世界的客观性和清晰性是探索物质世界本质的必要前提；评估证据、逻辑推理和探究的能力是掌握和探索化学领域的必要性格特征和必备技能；从宏观现象出发，从原子、分子层面进行分类和探索，并用化学符号模型来表达，这是化学学科的基本表达方式；掌握物质化学变化和能量转化的基本规律，能运用逻辑思维对物质及其变化现象进行分析推理，是认识、创造新物质的基础和途径；在研究、开发和创造新物质的过程中，能够自觉地坚持科学原理，形成社会可持续发展的价值观念，具有相互沟通、合作的意识，是发展对人才培养的基本要求。

（二）对高考化学试题考查化学核心素养的分析

高考化学试题立足于化学相关科技专业和当前社会热点问题，通过创设客观真实的化学考试场景，全面考察学生的基础知识、学科素质和专业能力，旨在培养学生深刻认识化学与人类生活的密切关系，关注人类与化学相关的重要社会现象，培养学生的社会责任感、实践能力和决策水平。全面考察学生的化学思维过程，加强学生化学研究和实践活动，促进学生化学学习方法的转变，培养学生的创新能力和社会实践能力，实现知识与能力的辩证关系，知识和能力相互依存、相互促进。因此，全国高考化学试题基本符合图 1-4 所述的命题结构框架。

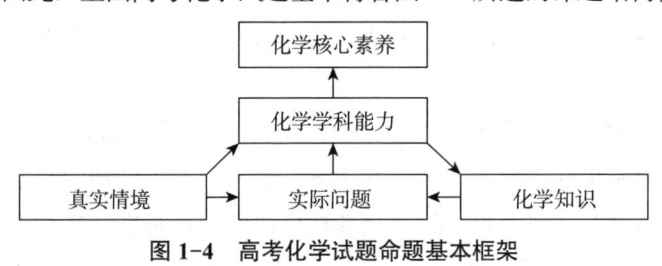

图 1-4　高考化学试题命题基本框架

高考化学试题依据对知识点的考查特点，创设了真实的命题氛围，以逐层递进的手段设定有价值的研究目标。"化学环境"服务于"实际问题"的提出，"化学知识"服务于"实际问题"的解决，考查学生在解决"实践问题"过程中的能力、科学推理的能力、实际研究能力以及整体的能力，由此达到了对高中化学专业知识素养的全方位考察。

（三）围绕发展学生核心素养，贯彻考试招生改革的理念，有效实施高中化学教学

高中化学教育围绕三个目标进行，可以帮助学生掌握最基本的化学知识和技能，了解化学技术的流程和方法，形成正确的情感态度和正确的世界观，培养学生的科学素质和基本人文素质。新课程改革将围绕化学基础素养进行。化学教师要能够轻松解决化学课程的立体发展和化学专业基础素养的提升，使化学学科知识和技能的培养升级为化学观念。在观念发展阶段，将基本思维和知识的培养转化为科学探究和学科思维，将基本能力和价值观的培养转化为科学态度和社会责任感的培养，从而有效培养学生的化学核心素养。

二、课程目标

2003 年的《普通高中化学课程标准（实验）》的前言部分中，对化学课程的基本内涵、特征和功能做出了具体的表述，从而正确定位了化学课程标准，确定了化学课程在普通高中教学中的重要地位与功能，并能够激发化学老师的教学积极性。课程目标主要表现在知识与能力、过程与方式、情感方式和人生观三个层面。

2017年版《普通高中化学课程标准》的序言部分肯定了上一版本的意义与作用，也就更凸显了化学专业的核心素质的特点，进一步反映了化学学科的特色，且内容比较具体和清晰明了。同时在本规范中，化学专业核心素质不但采用内容、要求的表述，同时对五个方面的素质界定为四个水平，以便在教育与考核中具体实施。

2022年4月底，为贯彻落实党的十八大、十九大精神，落实全国教育大会部署，全面落实好立德树人的根本任务，进一步深入推动中小学教育改革，我国教育部门制定了新一版本的《义务教育化学课程标准（2022年版）》，并于2022年9月1日起开始实施。这里的化学必修课要注重化学基础素养，体现课程性质，反映出课程的理念并明确其中的目标。

第二章

高中化学教学理论

第一节　指导高中化学教学的基础理论

第二节　高中化学教学特征与教学原则

第三节　高中化学教学过程与教学方法

第一节 指导高中化学教学的基础理论

一、辩证唯物主义认识论及自然科学方法论

化学教学的过程是特殊的认识过程，其特征在于它是指个体（学生）对化学学科知识的理解过程，从而具有间接性、导向性和教育性。所以，辩证唯物主义认识论以及自然科学理论、一般的教学思想和教育方法，都是直接指导化学教育发展的根本理念。

（一）辩证唯物主义认识论

辩证唯物主义认识论强调，认知活动是对现实生活中客观事物的能动反映，而这种能动作用又表现为人们认识的两个"飞跃"，即由感性认识到理性认识的"飞跃"，由理性认识到实践的"飞跃"。辩证唯物主义认为，通过对教育的深入探索，可以发现它具备独特的客观规律。教学就其本质和主要内容来看，就是由教师把人们所了解的科学知识道理、经验创造条件等转化为学生的认识，从而引导学生把知识转化为能力的一种特殊形态的认识活动。教学就是以教师引领身心发育还未成熟的学生为主体，主要借助学习知识间接地认识世界、发展自身。由成人根据儿童各个年龄段所能接纳的形态，对其进行识字教学，而且，先教他们学习成人早已熟知的内容，具体是指认识的结果和认识的方法，同时以培养他们的认识能力作为专门的工作。化学教学过程，从本质上讲，是一种认识过程。从根本上说，它是受认识规律制约的。辩证唯物主义认识论及据此发展形成的教学认识论揭示了认识过程的一般规律，为人们理解教学过程提供了理论基础。

（二）自然科学方法论

辩证唯物主义认识论是借助于自然科学方法论，来具体地实现其对自然科学的指导作用的。对于对自然科学知识的教育而言，要实现并指导学生进行认知上的两次"飞跃"和学习上的两个"转化"，关键因素就是要合理地使用

自然科学方法论。自然科学方法论是连接哲学和自然科学的一条纽带。自然科学方法论认为，对自然现象的认知过程以及具体的研究方法应该是沿着由浅入深、从低级到高级的辩证历程开展和运用。依照辩证唯物主义认识论，可总结出科学认识过程的一般程序。

现代科学教育改革极大地改善了学生的学习体验，特别是对于科学研究，它不仅要求学生们积极地进行实践性学习，还要求他们以科学研究的思维模型和实践行为，去发现、解决问题、提升创新，从而提高科研质量，并且促进学生的学术素养和社会责任意识的发展。从本质上讲，科学探索可被定义为一种把科学家的探究方式融合到教育实践中的有效教育模式，它旨在帮助学生更好地理解和掌握自然界的知识，从而更好地应用到实践中去。学生在进行探究性学习时，将运用到观察、实验条件控制、测定、数据处理、分类等具体方法，随后在此基础上进行一定的比较、归纳，形成初步的结论；结论不一定符合预期，从而产生了新问题，在无法用已有知识进行确切解释时，学生便产生了解决问题的欲望，为解决问题，学生将运用回忆、比较、推理等方法，根据模糊的感性认识甚至是可能错误的认识提出一定的假设，进而再次从事探究活动进行相应验证，其结果可能符合假设也可能不符合，若不符合，又将重新提出假设设计实验、进行验证。这样的过程并不是简单的累积或循环，在认识层面上讲，学生的认识是在不断发展、进步的。其中包含着一个由浅入深、由模糊到清晰、由假设到验证、由错误到正确的过程；其实也就是一个从感性到理性、从理性到实践并不断螺旋上升的过程。

科学探究活动的基本环节和步骤可概括为：发现问题、提出假设、验证假设、形成结论、交流质疑等的循环往复和螺旋上升。不难发现，科学探究活动的认识过程充分体现了自然科学方法论的观点。

作为一种特定认识过程的有机化学课程，教师必须运用自然科学思想，遵循认知原则，按照教学性质和教育特点，具体解决化学教学实践中的各种现象，这种教学过程才得以进行下去，既实现辩证唯物主义认识论对化学教学过程实践活动的指导作用，又避免将化学教育认识论等同于科学哲学认识论的简单化现象。也因此，化学教学必须从引导学生认识具体的化学事物与现象入手，从运用所了解的有机化学知识出发，从已知到未知，然后由感性认识到理性认识，进而通过教学实践（主要是学习实践）活动去应用化学知识、发展认识技能。例如，让化学学生进行观察、实验；记载和处理化学实验数据；采用把化学物质抽象与使用、分类与综合、描述和判断的逻辑思维方法；运用假说的方法探究化学基础知识。在课堂教学形式上，要创造条件使学生自己用脑、动口和动笔，让学生借助感觉等器官，完成思想加工，以实现在课堂教学过程中的两个"飞跃"和两个"转化"。

二、教学理论

教学理论是一种基于心理学和教育学原理的研究方法，旨在揭示教学过程中的普遍规律，并为实际教学中提供问题指导。化学教学理论是建立在一般教学理论之上的。在过去的几个世纪中，尤其是在近代，许多教学理论都对化学教学理论产生了巨大的影响，并且为化学教学提供了重要的基础。

（一）赫尔巴特传统教学论

赫尔巴特（Johann Friedrich Herbart，1776—1841），德国著名教育学家，传统教育理论的主要代表人。他深受瑞士教育学家裴斯泰洛齐（Johan Heinrich Pestalozzi，1746—1847）的影响，在教育史上第一次建立了以心理学为基础的教学理论。他非常重视"兴趣"在教学过程中的作用，并认为教学的最终目的是提高人的道德品质。他创立了"形式阶段说"，把教学过程分为四个阶段。

（1）通过清晰的讲解，让学生更好地理解新的知识，并在这个过程中让学生更加集中"注意"。

（2）通过联想，我们可以帮助学生将新的知识和已有的知识结合起来，并以积极的心态去引导学生"期待"着老师能给出建议。

（3）通过系统的"学习"，学生可以将新旧知识点有机地融合，形成一个统一的思维框架，从而实现"学习"的有效掌握。

（4）通过"方法"，希望学生能够将所学的知识应用到实践中，以此来培养他们的创新能力和实践能力。赫尔巴特的"四阶段论"后来被他的后继者改变、发展成为预备、提示、联系、总结和应用的"五段教学法"。

（二）杜威的实用主义教学论

杜威（John Dewey，1859—1952），美国著名教育家，实用主义教学观念的重要创始人。他对赫尔巴特的"重教轻学"的思想给予了激烈抨击，同时他的主要观点有：首先将学生的实际体会作为教育的基础，而不是仅仅依靠死记硬背教科书上的知识点，同时他还对传统的班级授课制度提出了不同的意见，他认为传统的课堂教学是在"消极地对待儿童，机械地使儿童集合在一起，课程和教法整齐划一"；其次主张"儿童中心论"，基本含义是将儿童作为课堂的中心主体，极力反对课堂以老师为中心的传统教学方式；最后，杜威强烈建议学生"能动的活动"和"教育即生活""学校即社会"的总体教学安排。应该结合学生的实际情况，以便更好地培养其独立性和创新能力，同时认为"教学法的要素和思维的要素是相同的"。上述要点如下。

（1）学生应该拥有一种充满乐趣的体验，以便能够长期投入到活动中去，从而获得最大的收获。

（2）在这种情况下，一个真实的问题被提出，激发了学生的思考，并产生了新的想法。

（3）学生需要收集大量信息，并进行深入的研究，以便应对问题的出现。

（4）学生也要认真想出解决问题的方式与方法，并保持认真负责探究的态度。

（5）学生要有机会通过应用来验证他们的观点，让这种观点意义清楚，以及由他们自己去探索它是否有效。

（三）赞可夫的发展性教学论

赞可夫（1901—1977），苏联心理学家、教育学家。他以"教学与发展的关系"为课题进行了长达二十年的研究，提出了学生的"一般发展"的思想。他认为"一般发展"即"心理活动的多方面的发展"，强调个性发展的整体性和动态性。以此为指导思想，他还提出实验教学论体系的原则。

（1）以高难度进行教学的原则。教材要有一定的难度，以引起学生注意，使学生在克服困难中获得知识。在"最近发展区"中，我们必须把握好难度设置的尺度，但也不能把难度降低到"现有发展水平"。

（2）以极高的速度进行授课。对于课本应该进行多元化的了解，提升所学知识的总体质量。

（3）理论知识应该是教学的核心，它应该帮助学生掌握规律性的知识，并能够运用到实践中去。

(4)使学生理解学习过程的原则。使学生们能够学会学,并逐渐变成学习的话语者。

(5)让所有学生得到发展,得到受益的原则。

(四)布鲁姆的掌握学习教学论

布鲁姆(B.S.Bloom,1913—1999),美国教育家。布鲁姆的"为掌握而学,为掌握而教""只要给予适当地学习条件,世界上任何人能学会的东西,几乎所有的人都能学会"等观念在教育界有着举足轻重的作用。布鲁姆的"掌握学习"立足于这样的一种构想:如果教学是一个总体的系统而切合现实情况;当学生遇到学业困境时能够得到帮助;当学生学的时候有充分的练习来掌握所学的知识;如果能够给所谓的"掌握"制定清晰的标准,则绝大部分学生都会在学业上取得很高地位。布鲁姆的掌握学习在实施上分为两个阶段:准备阶段和操作阶段。

布鲁姆还认为,在学校教育中,评价占据十分显著位置。然而,常规评估其实就是给学生们分等分类,对于改进教学过程、达成育人目标而言其效果却非常小,对于学生们个性和性格发展产生了负面效果,因此应采用适应、培养每一个学生们的能力,并且将提高教学效果为中心来进行教育评估。依照"掌握学习"教学模式与程序,布鲁姆将教育测评分为为诊断性评价、形成性评价、总结性评价等几类。

(五)苏霍姆林斯基"活的教育学"思想

苏霍姆林斯基,苏联教育实践家和教育理论家,他特别重视培养学生的个性,要求把每个学生培养成个性全面和谐发展的人,"教育的最重要的任务之一就是:不要让任何一颗心灵里的火药末被点燃,而要使一切天赋和才能都能最充分地发挥出来";他提倡对学生进行道德教育,让学生有"同情心""责任心",他认为"一个人从社会得到了什么,以及给予了社会什么,这两者之间保持一种严格的和谐";他也很重视智育,认为智育具有双重任务,即掌握知识,发展智力,通过智育,要让学生形成科学的世界观,要"培养人在整个一生中丰富自己的智慧的需要和把知识应用于实践的需要";他把劳动教育看成是学校教育的一个重要组成部分,认为劳动是"一般发展"和"个性全面发展"不可缺少的途径。

（六）瓦根舍因、克拉夫基的范例教学论

范例教学是由德国教育家瓦根舍因（Martin Wagen shin，1896—1988）、克拉夫基（Wolfgang Klafki，1927至今）提出的。所谓范例教学，就是借助一些经典性问题、例子让学生自主进行学习的方法。具体包括以下几点。

（1）三种属性："基本性""基础性"与"范例性"。

（2）三个统一，分别是"问题解决学习与系统学习的统一""掌握知识与发展能力的统一"和"主体与客体的统一"。

（3）五个解析，也就是"解析此课程表明、说明了什么并能够获得这些基础认知""解析幼儿所学认知及其智能发展等相关方面所起作用""解析该课件对幼儿未来的作用""解析课程的构成""解析哪些因素使幼儿了解课程"。

（4）四个层次，分别是例题地说明"个体""——以典型例题说明事物本质特点，例题地说明"类别""——以概括分析抓住事物一般特点，举例说明"规律"，举例说明世界与人生之间的"经验"。

教学论是研究教学一般规律的科学。以上这些经典的教学理论，虽然学术主张不同，关注重点各异，但其研究对象都是教学。这些理论探讨了教学的过程与本质、教学目的与任务、教学原则与方法、教学管理与评价、教师与学生等一系列问题，提出了各自的学说与主张，为化学教学理论研究与建构奠定了基础。

三、学习理论

化学教学是特殊的认识过程，也是学生的学习过程。对于学习，古今中外不少的教育家、心理学家进行了深入的研究，提出过许多颇有价值的思想和理论。

（一）中国传统的学习理论

早在春秋战国时期，孔子就提出了"博学"（广泛地获取感性知识和书本知识），"慎思"（学习要多进行认真的思考），"时习"（及时温习已学过的知识），"笃行"（把所学到的知识用于实际生活中）的学习思想；孟子

承认学习个体之间的差异，认为教师应该因材施教。朱熹把《中庸》的五段论与孔子的"学而时习之""温故而知新"的观点相结合，提出博学审问、慎思明辨、时习笃行的六段式学习过程。这种学习过程模式基本上成为中国传统学习的经典模式。传统教育家还强调非智力因素在学习过程中的作用，并把"志"作为学习的前提条件。这样，学习过程实际上是由志、学、问、思、辨、习、行七个环节构成的。其中"志"是动力系统，起着发动和维持的功能；"学、习、行"代表着行为操作系统，起着联系主客体的功能；"问、思、辨"代表思维加工系统，起着存储提炼的功能；"习"主要执行强化和反馈功能；"行"起着评价、检测和反馈的功能。

当然，国内古典研究所存在研究理论也有不足之处：如以道德与人类道德素养作为研究重点，遏制着人们研究自然与社会科学；受到遗产概念所左右，限制着他的创造性；受现实合乎的推理模型的制约，只体现在体验化描述，而且研究抽象化思辨还不到位，影响研究所向前发展；重视老师权力，"师道尊严"这一理念曾对中国的教育事业具有深刻意义。

（二）联结学习理论

桑代克（E.L.Horn like，1874—1949）是美国著名的教育心理学家，是联结主义理论的创始人，他的学习理论是第一个系统的教育心理学理论，曾享有很高的声誉，并产生了很大的影响。桑代克首创动物心理实验。最著名的是让饿猫逃出特制笼子的实验。笼子里面有一个能打开门的脚踏板，笼子外面有鱼或肉。将饿猫放入笼内，开始时，饿猫只是无目的地乱咬、乱撞，后来偶然碰上脚踏板，打开笼子门，逃出笼子，得到食物。如此重复多次，最后猫一进入笼了即能打开笼了门。桑代克据此认为，学习的实质是刺激（S）与反应（R）之间的联结。他明确指出"学习即联结，心即是一个人的联结系统""学习是结合，人之所以长于学习，即因他养成这许多结合"。他把动物这种尝试错误偶然成功的行为叫作学习，他认为学习的过程是经过多次尝试不断减少错误的过程，后人称这种理论为尝试错误论，简称"试误论"。

联结学习理论的主要错误在于摒弃了学习的认知过程和学生的主观能动作用，简单地用操作性的条件反射来解释人类的学习，带有较大的片面性。

第二节　高中化学教学特征与教学原则

一、化学教学的特征

以实验为基础是化学教学的基本特征。我们可以从学科的根本属性和化学教学的实践经验两个角度来论证这一基本特征。

化学学科是以实验为基础的一门自然科学。实验使化学成为一门科学。化学以客观事物为研究对象，以发现客观规律为目标，具有客观性、验证性、系统性三大特征。大量实验事实为化学理论的形成提供了依据，理论的形成与发展还需经实验事实的检验。综观化学科学发展的历史，前进的每一步都离不开化学实验。化学学科是在实验的基础上产生并发展起来的，实验是化学理论产生的直接源泉，是检验化学理论是否正确的标准，也是提高化学科学认识能力、促进化学科学持续发展的重要动力。

化学教学的特征是化学学科特征在教学中的反映，也是辩证唯物主义认识论在化学教学中的体现，是化学教学区别于其他学科的标志之一。化学学科以实验为基础，辩证唯物主义认识论强调感性认识的基础性，因此，以实验为基础也是化学教学的基本特征。

化学实验在化学教学中具有不可替代的重要作用。广大化学教师的教学实践说明，化学实验有助于提供丰富的感性知识，有助于激发学生学习兴趣，有助于创设认知冲突，从而帮助学生正确地形成化学概念，牢固地掌握化学知识，提高观察问题、分析问题、解决问题的能力。化学实验还是培养学生实验技能和实践意识的主要途径，让学生亲自动手实践，可以学习和掌握各种实验操作技能，同时还能帮助学生形成通过实践探索和认识客观事物的意识。化学实验还有助于培养学生实事求是、严肃认真的科学精神和态度。离开了化学实验的化学教学将会是无源之水、无本之木，无法达成提高学生科学素养的教学目标。

那么，在教学中如何体现"以实验为基础"这一化学教学的特征呢？我们认为，主要应该通过以下几个方面体现。

（1）通过实验和观察，让学生体会到如何从中发现规律，并从中获得乐趣。

（2）通过实验，教师可以帮助学生更好地理解化学概念和理论的形成过程。

（3）通过分析典型的化学历史发展事件，帮助学生更好地理解化学科学的发展历程。

（4）为了帮助学生更好地理解所学的内容，鼓励他们进行实际操作，以便更好地应对挑战，同时也可以帮助他们建立起良好的科学素质、思维模式以及正确的价值观。

二、化学教学原则

（一）突出学生的主体性或主动性原则

根据当前全球化学教育形势和化学课程变革的发展趋势，以及目前国内化学课程的实际情况和教育课程变化的指导思想，《普通高中课程方案和语文等学科课程标准（2017年版2020年修订）》（以下简称《标准》）确定了化学课程变革的重点：以培养普通高中学生的基本科学素养为宗旨；关注化学、教育和社会发展的交叉关系；提倡以学习探索为主的多元的教学模式；增强教师的激励和引导作用。

《标准》中规定使学生有更多的时间积极地经历科学探索历程，在认识的产生、联系、运用过程中培养科学的心态，通过掌握科学的思维方式，在"做科学"的探索与实践中逐步形成终生学习的意志与能力。根据以上要求，教学中要突出学生的主体性和主动性。

教学的根本目的是教育，客体是知识，因此教师必须以学生为中心，把一切都为了学生，为了学生的一切，提供全面适应知识的教育环境，而不是培养适应教育的人才，在整体教育教学过程中必须坚持以教师为主体，以知识为基础，以培育学生的创造能力和全面发展为主线的教学思路。

教学的根本意义之一便是鼓励他们积极主动地发展，或生动活泼地发展，即指导他们积极地认识生命，而唯有指导学生积极主动地参与教学，方可使教学有效使促进学生的智力发展。而学生才是整个认知过程的主体参加者，而学生的积极认知才是成功教育的关键基础，而只有学生主动认识、教师主动认知、主动了解教学内容、教师主动吸收从日常生活中所积淀的精神财富,他们才能认识生命,从而促进学生自身的发展。课堂是由教和学之间相互关联,有机融合而组成的,学生们既是参与者也是主人,所以我们一定要创设较好课堂教学的气氛,组织和指导学生们积极主动地投身课堂教学中,而不是我讲你听,我讲你答,教师们就在眼时听,学生们讲了五分钟,很可能没有教师们讲五分钟的教学效果好,但是要讲更长远的,要看十几年后的教育成果,所以,课堂教学改革的根本任务就是转弊为利,要通过改革现代教育的运行机制,逐步改变传统的教师小组课堂制的教学方式,减少教师们在课堂教学中的讲授时间,调动学生们积极投身课堂教学的积极性,调动学生们自主探究的积极性,使在课堂教学中绽放出勃勃生机。对课堂教学方法的变革,一要最大限度地减少教师的时间授课;二是教学要最大限度地满足学生自由发展的需要;三是要努力完成学生在"活动"中学习、在"主动"中发展、在"合作"中增知、在"探究"中发展。要充分体现学生的自主权:规律让学生自己发掘,知识让学生自己寻求,思维让学生自己探索,难题让学生自己破解。

(二)激发兴趣和培养自信原则

爱因斯坦曾说:"兴趣是最好的老师,它往往胜过责任感。"从社会心理学观点来看,学生对某种事物的理解和认知上的倾向性等心理特征,就表现为兴趣爱好。兴趣的产生和学生的认知历程密切相关,同时也伴随着良好的情感体验,而这种偏好的心理学特性一旦长期地保持存在,就会构成取之不竭的原动力。

教育心理学认为:决定他们学习主动性的内在原因大致分为两个层面,一是他们所从事的教学意义有多大,二是对他们在教学活动中成功的把握意义有多大。假若一个学生觉得没有成功的希望,即使这个教学活动有价值也不能让其形成主动性,因为这是个毫无结果的工作。反之,假如教学活动毫无意义,即使有百分之一百的成功希望,他们也不会主动投身于教学。所以,老师们应该重视培养学生的主动性,而自信心的获得又是他们对自己主体能力的重要表现。在课堂教学的活动中,使他们不断地获得教师肯定性评价的反馈与启示,而他们又能表现出很好的自我意识,对自身作出一些积极的认识和评价,在课堂上用主动学习的形式,发挥他们主体的积极性作用。教师在课堂教学中,对他们教学中的语言与动作要多给予赞扬,积极引导,尤其是在普通课堂的教育上，教师应以智取胜，强调以鼓励为主，及时鼓励微小进步，使他们感受成功的喜悦，同时利用一次次不大的成功树立他们信心的基础，让他们对自己、对明天越来越有信心，因为信心十足是他们发展的基础。

（三）注重探究式原则

科学的探究是一门重要且高效的学习方法，在内容要求中针对学生各主体的化学学习特点给出了科学的探究活动的具体建议，并力求改变他们的学习方法，让他们积极主动地掌握化学基础知识，从而激励学习积极性，培育科学创新精神与实验创新能力；同时，把科学探究作为义务教育阶段化学科目的主要内容，在教学内容要求中分别设置了题目，具体指出了培养学生科学探究素质所涉及的知识点和培养目标。所以，学校教师应在课堂教学中把培育学生的科学探究意识当成教学重点。

因此，学校教师应将培养学生的科学探索精神作为其教学的核心任务。

探究教育旨在深入探究理论与实践之间的关系，以及如何有效地解决问题。它不仅仅是一种探索，更是一种深入挖掘，以及一种追求真理、探本求根的过程。因此，我们应该重视教师的创新能力，以及如何在这种能力的基础上，更好地实现教育目标。虽然许多人对于教育创新感到困惑，但事实上，这个问题就在我们身边。教师创新就是在不断探索和研究的过程中，通过研究方法来指导教学实践，在教育实验的平台上提出创新的思想，并通过这些思想来推动教育教学的发展。这就是我们常说的探究教育，也就是现在所提倡的"探究式教学"。老师应该鼓励学生勇于探索，以及运用创新的方法来解决问题，培养他们的积极思维，像"把分别蘸有浓氨水和浓盐酸的玻璃棒互相靠近，出现'空中生烟'的奇景"，老师可引导学生在感叹这一实验现象的同时，思考"为什么出现这样的景象"，并由此激发出他们的对进一步探究的兴趣和追求。

老师需要非常看重教授学生时所使用的科学的方式，这是探究教学理念所要求的部分。而在教学方法的指导方面，首先教师要做到三个方面。首先，需要了解学生真实的学习需求；其次，需要知悉学生在探究问题时想要达到"最近发展区"的最佳方式；最后，教师进行教学本应具备辅助指导的意义，所以老师要认真研究化学课堂上的教授方法，深度探讨上课过程时所使用的教学方式现已被应用于教育设计之中，旨在帮助学生更进一步地理解化学的实质，从而更进一步地了解化学专业知识。例如，教师可以通过分析化学反应现象，深入探讨化学理论，提供实践示范，并结合实验环境，帮助学生更进一步了解化学知识。

由于他们的知识背景各异，他们的思维模式也会存在差异，因此，他们对于相同的事物的理解和把握也会存在差异。他们可对事物在形成历史的阶段上探讨；有时在学生新旧认识的结合点上探讨；有时在学生质疑问难上探讨；有时在学生处理实际问题上探讨；也可能在对事物的追新、存异、求变上探讨。但总而言之，对知识的掌握水平差异就会导致探讨，对事物的思考方法差异，也就会产生差异的探讨。然而，需要强调的是，这类人的研究与传统的教育有所区别，因为它们更多地依靠教师的激励、指点与帮助，以及个人的独特的思考模式，来深入挖掘尚未被充分理解的内容。学生通过探索、实践、思考、实践，逐步掌握"学、思、疑、问、探"的理论，以便更好地理解、应用、分析、推理，最终把所掌握的知识应用于实践，以达成更深入的理论认知。这一进步，需要学生充分利用已有的知识，探索、实践，以期更好地掌握"学、思、疑、问、探"的理论，同时培养出更强的实践技巧。"当学生参加讨论课程时，老师应该采取积极措施，鼓励学生之间交流、合作，从而培养学生之间良好的交流习惯，并且增强学生的学习效果。此外，老师还应该鼓励学生采用分工合作的方式，比如分成若干个小团队，每个团队负责一项关于家庭金属废弃物种类、回收价值及其潜力等问题的研究。"在进行研究时，老师们需要特别注意如何将学习内容与学生的情绪、价值观相结合。

（四）培养学生的问题意识原则

通过参加化学课堂的科学探索，高中学子可以更加深入地理解并应用所掌握的有关知识，从而更好地解决相关的问题。这种活动不仅包括提出挑战性的问题，还包括构建科学的方案，开展实验，搜集相关的数据，并对结果进行深入的分析、比较、总结、互相沟通，从而更好地掌握相关的技能。研究化学的人们可以在自己的日常观察中，深入理解它的奥秘，激发出浓厚的求知欲，加深对它的认知，更加深刻地认识到它的真谛，掌握它的研究技巧，最终培养出一种独特的研究精神。

化学探索被视为一种极其关键的科学技术，在义务教育的基础有机化学课程中占有了极其重要的战略地位，不但可以协助学生提高自己的科学知识，还可以激励他们去寻求可能的回答，从而提高他们的创造性思维和解决实际问题的能力。学习的开端是反复的思索，而这种反复的思索又来自对"质疑是探求真理的前提条件和基石"的疑问。因此，当准备和实施"疑问是探求真理的前提条件和基石"时，我们的老师需要从学生的角度出发，通过心理交流和实践，来激励学生的学习。

（五）理论联系实际原则

在确定化学课程的教材时，我们考虑到每个人的不同知识背景，以及他们的实际应用情况，因此我们精心挑选"科学技术探索""周围的化工产物""化学物质组成的秘密""物体的化学改变""化学与社会经济发展"这五门重要的化学基础课程，以突出它们的独到性，同时也强调它们在实际应用中的作用。学习现代科学的基础知识不仅仅可以让学生终生受益，还可以帮助学生更好地融入当代的生活，同时还可以为学生的情操、思维、价值观等提供有效的指导。因此，在课堂上，我们必须强调将学习与现实密切联系的重要性。

化学和我们日常生活、工作、环境、安全、健康等领域都连接得非常密切，而我们学习化学，就是要全面运用化学基础知识，全面解决社会实际情况问题的，这就要求教师不仅要系统地教会学生有关化学的基本知识，还要适时地引导学生关心社会、了解社会情况，并学会尝试根据学生已掌握的化学知识解决与社会实际情况有关的化学问题，使学生在对化学的探究活动中增强好奇心、开发智力，提高阅读理解的能力、研究与创新能力、独立思考和处理社会现实问题的能力，并懂得使用正确的化学知识方法和应用科学的思维方法。

为了让学生更进一步地了解和利用所学的化学知识，我们还需要让他们更加亲近周围的环境，让他们有机会去观察和研究周围的事物，去尝试不同的方法，去解决问题。教师还需要让学生更加积极地参与到日常的社会实践当中，让他们更进一步地了解和利用所学的专业知识，发展出良好的创造精神和解决问题的能力。对于那些与我们的日常生活息息相关的化学元素，我们需要探索出一种全新的观念，以便让学生更多地了解它们。比如，对于那些都很熟知的"水"，我们可以通过探索它的化学结构、特征、来源以及它的清洁、净化方法，来让学生更多地了解它的价值。

在日常生活中，我们发现了许多与化学有关的素材，例如能源的燃烧、溶剂、酸、碱、盐类、有机物，以及各种建筑材料。为了更好地帮助学生理解这些知识，我们可以根据学生的需求收集和筛选相关资料，并加以丰富。

(六)重视化学实验原则

"探究活动与建议"致力于培养学生的实际操作能力,让他们有机会去深入研究,从而更好地掌握化学知识。通过"探究活动与建议",我们可以让他们掌握基本的化学实验操作,从而更好地理解化学,为他们的未来研究打下坚实的基础。

化学作为一门具有深远影响的自然科学,其实践性的应用可谓至关重要,它不仅可以帮助学生更好地掌握物质的性质,还可以帮助学生更好地分析、解决问题,从而更好地掌握新的科学技术,提高教师的工作效率。因此,许多科学家将化学反应的作用概括为十个关键词:了解,即掌握相关的化学知识和技能;探究,即培养对科研的浓厚兴趣和探究精力;追求,即培养他们勇于探索、客观事物的研究品格,并将其作为衡量科研成就的唯一准则;练习,即培养他们掌握运用化学知识和技能的方式、规则和思路;育德,即培养他们诚信、严格、协作、谦虚、勤奋等科研品格和态度。为了提高教学效果,教师应该使用新颖、生动、逼真的示范实验,以此来唤醒学生的阅读热情,提高他们的观察力,并利用各种方式来构建一个充满挑战的问题环境,以便引导学生围绕这个主题进行研究。通过让每个学生进行有意义的尝试和实践,我希望让这些实践变得更加有趣和有意义,以便让他们更好地理解和掌握科学知识。

(七)创设问题情景原则

"可供选择的学习情景素材"中收录了与教学内容相关的各种化学史背景材料,包括化学发展史、人类生活中最生动的自然事件和化学历史事实、化学科技进展与创新,以及所取得的重大成就、化学科技进步给人类经济发展所带来影响的重大事件等。创设教学素材意在帮助老师们全面地了解项目任务,同时老师们也能够在相关项目的教学中利用这些素材来创设教学情景,以充分调动学生对学习的主动性和兴趣,从而帮助学生全面掌握化学知识信息,并体会化学科技与自然科学、人类经济社会之间的巨大联系,进而引导学生认识化学科技在促进国民经济和社会可持续发展进程中的重要性。而这样设置的课堂环境,也有利于老师们增强课堂的有效性,有助于激发学生思想和情感在课堂教学中的主导功能,进而激发他们的主动性,让课堂教学行动变得更加高效合理有效。在设置的课堂情境中,我们要力求真实、生动、形象而又具有启发性。

通过演示实验、化学问题、科普小故事、科普历史、社会信息、教育物品、图片、模型和录像资料等，老师们都可以设置教学情景。例如，在关于"元素"的课程中介绍了地壳、海洋，以及在人体中的物质含量表；在关于"化学材料"的教学中，讲述了古代石器、陶瓷、青铜器、铁器以及各种现代新型建材的图片和实物；在有关"环境保护"的课堂教学中，组织学生欣赏关于对环境产生的危害的录像和照片材料等。教师们还可提出精心设计的富于思考性和启发性的问题，如"为什么在新制的氧化钙中加入水能煮熟鸡蛋呢"等，来进行设置课堂环境。

在课堂教学中，教师应善于引导学生从具体的情境中发现问题，有针对性地展开讨论，并提出解决问题的方法，使学生的知识进一步得到发展。如探讨调查小组的研究"常用的几种燃料中，哪一种最理想"，并观看试验"活性炭和明矾的净水作用"；观看录像"硬水对人们生活的影响"等，均可为他们更深入了解有关的理论知识提供一个很好的平台。

第三节　高中化学教学过程与教学方法

一、化学教学过程

化学教学过程，是指由化学教师讲与学生做的综合的教学阶段，是指化学教师通过引导学生掌握化学理论知识与基本技能，以培养学生的创造力，从而形成正确情感方式与积极人生观的特定的教学过程。

（一）化学教学过程是教和学的双边活动过程

教学不是教师一个人的活动，学生是教师教学的对象，更是学习的主体，同时也是课堂教学活动的主体之一。成功的教学是符合学生的认知特点，能够调动学生的积极性，让学生主动参与的活动，是有利于学生自主建构正确的认知结构活动和有利于学生发展的活动。相反，脱离学生参与、忽视学生的感受与理解的教学往往事倍功半甚至一无所获。在教学过程中，学生倾听教师的讲解，遵循教师的引导，完成教师布置的任务；教师倾听学生的言语，观察学生的反应，根据学生来调整自己的教学，或加快或减慢，或详细或简练；学生的思想是不可预测的，是变化多端和充满灵气的，学生提问或回答，对教师就可能是启发，也可能生成新的教学资源；教学的过程也是教师学习、进步的过程。同时，师生之间的感情、情绪也彼此互动：教师的激情将振奋学生的斗志，教师的投入将换来学生的配合；学生的活跃将刺激教师的热情，学生的痛苦将带来教师的苦恼。总之，教学活动中，师生之间相互作用、相互影响、相互制约。

（二）化学教学活动又是特殊的认识过程

首先是认识对象的特殊性。化学教学中，学生的认识对象是化学的基础知识和基本技能，这些知识是人类经过漫长岁月获得的，对学生而言是间接经验。其次是认识方式的特殊性。化学教学中，学生的认识过程是在教师指导下进行的。教师统筹考虑教学、课程条件、学生的认知水平等各种因素，创设出合适的教学模式，从而指导学生完成知识任务。这样的特殊认识过程，不同于普通科学家、艺术家、成年人等的个人认识过程，是经由教师引导未成熟的学生主体通过了解知识、深入探究后才能认识世界，从而把大量的间接经验和少部分直接经验转化为学生个人的珍贵精神财富，并由此形成学生个人自主的独特认识过程。最后是认识目标的特殊性。化学教学中学生的认识目标不仅是化学基础知识和基本技能，还包括过程方法和情感态度价值观。在化学教学中，学生不仅要学习人类已知的知识，还要得到探究未知的体验，初步得到社会交往的锻炼，形成对科学正面的情感和态度。

影响化学教育过程的基本因素，大致有四个：教师、学生、化学课和老师的工作条件。前两个是人的因素，后两个则是物的因素，人的因素是决定性因素，物的影响也可以通过对人的因素的影响而改变。在四个因素中，教师是起决定性作用的主要因素。有效的教学过程是教师精心安排教学内容、充分利用教学条件和着力发挥学生主观能动性的过程。

二、化学教学方法

通过设计有效的课堂练习和课外辅助，化学课堂上的教师可以帮助学生更好地理解和掌握知识，从而达到预期的教育效果。

在化学教学过程中，四个关键因素——老师、教学策略、教室设备以及教学工具发挥着至关重要的作用。它们构建了一个完整的系统，为化学的教学提供了坚实的支撑,保证了课堂的顺利开展。一个学校可以提供多种多样的化学课程,其中包括教材、教师、以及相关的经济状况等,这些都可以视为一种特殊的规范,然而,真正决策的关键还是靠实际的操作,这就需要采用更加科学合理的、更加灵活多样的教学方法。为了实现完美的化学教育效果,化学老师应该结合学员的理解水平、喜欢、需求及学校的资源,精心挑选出最有利的教学策略,而且要注重细节,避免把精力浪费在无用的事情上。因此,在当今时代,化学教育的有效实施和推广,不仅需要化学老师的精湛技艺,更需要他们的不懈努力,这也成为推动我国化学教育变革的关键因素。

当前,教学法书籍中涉及的化学方法种类繁多,但由于划分的标准不同,经常会将不同形式、不同阶段的教学方法混淆在一起,使得它们的特性和应用情况无法进行有效的比较和分析。因此,有必要深入研究这些方法的起源,以期为科学家提供更加全面的解释。

通过对我国教学研究的分析,可以将课堂教学体系划分为多种不同的因素,包括教学模式、课堂思维、教学类型和手段,并对每种因素进行深入的分析,以及它们在教育实践中的应用。这些因素可以归纳为讲授法、讨论法、交谈法、演示法、实验法、训练法和学习指导方法等。

西方国家的教学思想,通常用综合法进行教学。而他们所提供的许多教学方法,如发现教学法、程序教学法、案例教学法、设计教学法等,不但涉及教学方法,而且常常涉及到课程原则、班级管理方法,以及教学材料等。而实际上,他们所提供的方法诸如发现教学法、程序教学法等,又各处于同一个教学体系之中。用分析法或综合法进行教学,各有优势。但由于这些方法都比较适合于教学实际情况,又或者因为教学体系本身就是一个总体,因此并不能把教学材料、课程原则、班级管理形式、以及教学方法等因素截然分清,而通过运用综合分析方法就能够处理教学体系中多方面的因素。但是,目前在我国化学方法改革与发展过程中产生的新型教学方法多采用组合模型,例如,"读读、议议、讲讲、练练"的教学法,以及单元组合教学法等均属于此种。分析法的最大特点就在于化繁为简,化多因子为单因素,既有利于教师了解化学教学方法的基本特点和基本原理,又便于初学者掌握。

为了阐述的方便,在这一部分,我们将通过对化学的分析来深入理解化学的学习过程。我们把这些化学学习过程统一地归纳为两类:第一类是基于实验的化学学习,第二类是基于理论的化学学习。

（一）第一类化学教学方法

1. 讲授法

讲授法是采取口头形式的教育模式，可以有效地帮助学生深入理解和运用化学的基本概念，从而节省大量宝贵的课堂时间，让学生可以轻松地获得丰富的实践经验和理论素养。讲授法还可以采取启发性的方法对学生指出困难，从而促使学生更加积极地思考，提出问题解决的方法，并开发他们的抽象思维。由于讲授法在当前的化学教育中被广泛应用，因此成为一种非常重要的教学手段。然而，由于此种方法的局限性，使得老师在课堂中的授课时间太多，无法充分激发学生的自我表达，从而阻碍了他们获得更全面的知识。若是教师能够运用探索性的方式来指导，同时又能够根据学生的能力特点，让课程的内容与实际情况相符，那么学生便可以摆脱传统的思维定式，获得更多的实践经验，避免陷入枯燥乏味的死记硬背的境地。没有足够的实践经历的教师往往会走入误区，从而导致"满堂灌"的教学方式成为他们受到批评的主要原因。

讲授法是一种传授知识和技能的方式，它需要教师运用口头技巧和思维来传授信息，因此，教师的语言表达能力对课堂教学至关重要。然而，有时候，由于教师知识水平较低，备课也比较认真，但是他们的语言表达能力不足，导致学生不愿意专注听讲，影响了课堂教学。

课堂的教学语言，首先应该达到清晰、准确、简洁。也就是说，其语言既要有着严密的科学性和逻辑性，又要达到语言使用规范，而不能进行无谓的重复。其次，课堂语言也必须生动活泼，如教师的课堂教学语言应该讲究艺术性，善于使用形体用语合理运用语言语调的抑扬顿挫，并且合理运用体态词汇等。又如教师使用手势助其提高课堂效果，使课堂上的讲授语言更加富有魅力，讲话时也要娓娓动听，以便于教师掌控其授课时的心情。但这也需要格外注意，因为老师上课中的课堂用语是严谨的、繁重的思想劳动，而不是娱乐，所以在课堂中教师话语的生动程度，应当以不影响老师上课的科学性和正常的课堂秩序为限，而不能为了力求"生动"而插科打诨，卖弄噱头，又或者把课堂用语庸俗化。因为那样既不利于老师对学生知识方面的掌握，也不利于老师对学生道德层面的培养。

2. 谈话法和讨论法

谈话法和讨论法这两种互动类的教学法旨在帮助教师与学生建立良好的沟

通渠道，以达成教学目标。它鼓励学生以自主的方式探索，分享观点，交流想法，共同探讨，共同学习，从而达到学习的最佳效果。它既不是让学生从无知到理解，也不是让他们从无知到有知，而是让他们通过自身的努力，运用所学的知识，独立思考，获得更深入的认识。但是，从教育的心理动因上分析，谈话教学法和对话法也属于心理探索型的方法。这种方法的优势在于可以有效地唤醒学生的主观能动性，促进他们积极思考，并且可以培养他们的口头表达能力。

通过讨论教学法，可以有效地评估学生的学习能力，帮助他们复习和巩固已学的知识，并且可以更好地指导他们进行阅读和分析，从而更好地完成演示试验。

采取谈话教学方式时，老师需要做足功课，并制订详细的讨论计划。讨论时，老师应该给予适当的指导，并设计具体的问题，以便让学生能够思考并得到自己的见解。同时，老师还应该确保讨论的内容与实际情况相符。为了让每个学生都可以得到充分的探究和讨论，我们需要给每个学生一个独立的空间，让他们可以进行深入的探究。为了实现这一目标，我们需要拓展我们的提问范围，并且根据每个人的不同水平来设定适当的难度。

在教育过程中，采取谈话法是非常重要的，尤其是在教授中高年级的课程。为了成功地运用此种教育方式，教师应该给予充分的指导，包括设计合理的问题，制定明确的讨论主题，指导学生复习所涉及的课程内容，搜集可供参考的信息，以便他们在课堂上更加自信地进行交流，积极地探索新的观念，以达到更加深入的理解。通过对话，我们可以更好地理解课程的重点。当我们的讨论结束时，教师应该对课程的内容作出总结，提出需要更多的思考和实践。

3. 演示法

演示法是指通过让学生参与到化学的活动中，不仅可以让他们更好地了解相关的理论，而且可以激发他们的兴趣，让他们更加深入地探索这门科目。因此，我们可以通过多种方式，如实地演练、摆放实体样品、摆设模板、悬挂图画、播放幻灯、拍摄电影、观看视频等，让学生更加深入地了解这门科目。通过举办讲座，老师能够将课堂内容与课外活动紧密联系起来，激励学生进行深入的探究，从而更好地了解物体的运行规律，培养其独特的分析能力，进一步加深其对物体本身的理解。

4. 实验法

化学是一门以实践为前提的学问，我们的化学需要一些实践。所以，实验技能是化学教育的重要组成部分。学生在课堂上进行的实验可以分为随机实验和集体实验两种形式。

5. 练习法

练习法是指通过在老师指导下，学生可以通过实践活动来不断积累基础知识和技能，从而更好地掌握化学知识。在化学课堂上，学生需要有计划地学习一些关键的化学名词、理论、实验，并完成相应的实践任务，以此来提高自身的科学素养，增强自身的操作技能，并培养自身的能力。

通常，这种练习方式包括口头、书面和实践三种形式。在口头练习中，老师应该给出富有启发性的问题，而不是死记硬背的定义，也不能简单地回答"是"或"不是"应付了事。为了提高学生的口语表达能力，我们应该让他们在回答问题时保持清晰和准确。

操作练习主要让学生进行实验和组装模型，目的是培养学生进行化学实验和组装模型的操作技能。当然，这也是培养他们动手动脑、解决实际问题的重要方法。学生在估量液体、取液体、处理试管等基本操作上很容易犯错误。他们可以结合所学的化学知识，并提出问题进行练习，以巩固所学知识。学生在学习化学时，缺乏空间概念，往往无法想象分子的立体异构现象。让学生自己组装分子模型，巩固和加深对分子结构的理解，也有助于培养他们对微观粒子结构的想象力。

6. 读书指导法

在读书引导法中，提到了一种有效地培养学生的自主学习能力的方式，即使用化学教科书或相关的工具书来帮助他们在课堂上进行有效的预习。这种方法不仅可以帮助他们更快地理解所学的内容，还可以帮助他们更有效地完成作业。若有需要时，还可查阅工具书。

（二）第二类化学教学方法

1. 发现法

发现法是指由教师通过提供有利于学生进行再探究活动的课程，帮助学生通过自己探索、实验等方式来提升认知，并同时练习提出新问题和探究认知发展过程的教学方法。这种方式由美籍心理学家布鲁纳（Jerome Seymour

Bruner，1915—2016）最先提倡，在 20 世纪 60—70 年代的西方世界中已经广泛流行。实施这种措施的要点，是编制符合学生的实际内容的教科书。编制教材时应注意这三点。

（1）缩短过程：将科学家们原始发现的比较曲折性的认知经过处理成片段，以便于快速获取知识。

（2）由易到难：原先发现的流程对于学生而言太过于艰巨，需将其降至符合学生认知架构的层次。

（3）通过精简歧途，我们可以避免许多不正确的方向，同时也可以帮助学生提高分析能力。这样一来，我们就不会面临太大的挑战，也更容易让他们理解和掌握知识。

2. 局部探求法和引导发现法

局部探究法与引导发现法在实质上都是发现方法，只不过后者是对发现方法的进一步发展。所谓局部探究法，就是先把某个待发掘的比较复杂的大现象分割为若干相对单纯的小现象，由学生分阶段地探究它，又或是先由学生探究其中的一两个小现象，其余再由教师进行启发式谈话。这就减少了探索发掘的困难，拓宽了发掘方法的应用范围。指导发掘方法注重在学生学习的过程中要加强老师的指导，降低探索行为的自发性，让学生尽可能少受困难，进而减少发掘的困难。运用这个方法，整个发掘阶段大致可分为准备、初探、合作、研究、应用五个步骤。

3. "读读、议议、讲讲、练练"教学法

"读读、议议、讲讲、练练"的目的是激励学生的兴趣，使其能够充分利用自身的潜能，从而达到自我提升的目的。"读读、议议、讲讲、练练"的"读"意味着，教师会引领学生通过自己的探索和思考，去理解和掌握"读读、议议、讲讲、练练"的内容。"讲"意味着教师的有效传播，从而使整节课的内容得到有效的传递。例如，可以通过设计有趣的讨论话题，让学生自主探究，并且可以针对复杂的、容易理解的内容，采取有效的讲解策略。"练"意味着通过实践活动，让学员掌握所需的技能，从而提高他们的创新和独立思考能力。

很明显，这种教学法模式都是按照教育学为本、学习为本这一教育学原理，将教育学引导法、教育学教学法、讲授法、演练法、实验法等多种方法融会贯通应用于一起而生成的，体现出探究性教育基本思想，若能运用好的话，

势必能够做到教学卓有成效。

4. 单元结构教学法

采用布鲁纳结构主义思想的教学方式，即单元结构教学方式，旨在结合发生式教学法、程序教学法及其他教学模式，构筑一种全面而有效的教学模型，从而提高学生的学习效果。随着"结构单元"和"学习程序"的引入，教师应该更加注重把握"学习程序"的思路，并且根据它们的内部逻辑，把它们作为一个整体进行讲解。这样，教师就能够更好地把握"结构单元"和"学习程序"的思路，从而更有效地进行授课。在采用结构化的课堂模型时，教师通常会采用以下几种方法来授课。

单元结构教学法是一种全新的教学模式，它结合了布鲁纳结构主义的思想，将传统的化学教学方法与发现式教学法、程序教学法以及其他教学手段有机结合，构建出一种更加有效的教学模式，以满足学生的学习需求。采用单元结构教学法后，教师在备课时应该着重考虑两点：一是将基础知识作为主线，即以实际情况为依据，将"结构单元"中的各个物理知识点按照内在的逻辑关系组织起来。针对"学习程序"，教师应该采用多种多样的教学方式，包括分组指导、实践活动等，以帮助学生更好地掌握知识。

（1）在开始训练之前，我们需要详细介绍这个模块的用途和意义，以激发学生的学习兴趣，并确定学习目标、复习方法和思路。

（2）通过自学，学生可以利用课本、工具书、实验、预习题以及教师提供的思考题等多种方式，深入理解所学知识，从而更好地掌握所学内容。

（3）进行讨论课程的重点是评估学生的学习表现，因此教师需要通过提出问题来协助学生更好地理解课程内容。教师可以激励学生提出自身的看法，以便更好地了解课程，并与其他人交流。接下来，教师将带领学生一起探究、纠错、演练和归纳。此外，根据需要，教师会给予一些特别复杂的课程提供指导。最后，教师会安排学生完成作业和实践，协助他们良好地理解和掌握知识。

（4）通过归纳、总结，教师可以为学生提供一些综合性的作业和论文，帮助他们把所学的知识点系统地梳理出来，形成一个完整的认知体系。

通过多次的课堂教学，我们发现，采用这种教学模式，既能让教师成为主导者，又让学生成为被动接受者。此外，该模型还有助于培养学生的双重素质，提高他们的独立性、创新性和自我管理的能力。然而，目前该模型仍有待改进,尤其是如何确立有效的单元框架,如何让老师与学生之间建立有效的联系。

三、选择和运用化学教学方法的注意事项

通过对两种不同种类的化学教学方法进行介绍,我们可以看出它们的独特性。第一种是简易的,但是要想取得更佳的教学成绩,就必须遵循科学的教育思想,采取启发性的教学,并且要把它们结合起来,以便更加全面地掌握知识。尽管第二种化学方法经过了全面研究,并且基于课程原则,考虑到了学生的实际情况,但它们依旧存在一些挑战。此外,由于每门课程的教学目标、内容、学生的特征,以及每间教室的条件,因此,化学老师还需根据学生的实际情况,精心挑选出最适宜的思路与技术,从而极大地提高教学效果。在采取或运用全面的教育策略时,应当特别留心以下几点。

(一)要适合课题教学目的任务

在进行教学时,我们希望能够让每个学生都能够从中受益。因此,必须满足学科教学目的和任务的要求。如果学科的教学目的是传授新知识,一般采用演示的方式向学生提供感性知识,然后采用讲授法、讨论法等方法将感性知识提升为理性知识。如果教学目的是培养学生的化学计算能力,则应采用练习的方法进行教学。然而,由于每节课都有其特定的内容,因此,老师们需要综合考虑多种多样的教学手段,才能达到最佳效果。

(二)要与教学内容相匹配

教学目的通常用教学内容来表示,而化学课若要达到教学目的的要求,就必须和教学内容一致。如元素化合物课,老师们通常应选用化学演示法、实验法、讲述法或讲解法;物理教材中,一般应选用讲解法、观察法;而在关于化学用语方面,则一般采用讲解法和练习法。

(三)要与学生实际情况相适应

每个年龄段的学生都有自己独特的知识储备和认知能力,因此他们对不同的学习方式的适应性也会有所不同。例如,在中学阶段,讲解、讲述、讨论和表演等方式都可以很好地运用,但是讲演和讨论更适合在中学阶段使用。在选

择方法时，应该考虑班集体的语言风格。例如，一些班集体非常活跃，因为他们喜欢提出问题并表达自己的观点。这有助于使用讨论和探究的方法。相反，另一些班集体则比较"沉闷"，不太喜欢提出问题并进行讨论，因此探究的方法应该被暂时抛弃，而应该采用其他的方法。教师们应该采取行动，打破沉闷的氛围，让班级变得更加生机勃勃。

随着学生的发展，他们的认知水平和理解能力会有显著的变化。例如，中学生们通常会掌握一些常见的教育技巧，例如说话、朗读、辩论和展示。但是，当他们进入大学阶段，他们就会发现这些技巧并不那么难以掌握。

（四）要考虑学校的设备条件

这些方法的采用，与学校的状况密切相关。因此，如果学校的化学实验室设施完善，并且提供充足的实验器材、药品，那么就可以更多地利用化学实验法，并结合新的发现方法，以达到更好的研究效果。但是，如果实验室设施不够完善，那么就只能采用化学演示法等其他的实验方法。

（五）要适合教师自身的业务水平和教学风格

每位教师都需要适当的工具和资源来帮助他们发挥最大的潜力。因此，每位老师都需要根据自身的个性和优势，选择最合适的教学方法。例如，擅长语言沟通的老师，适合使用传统的板书和演讲；擅长化学实践的老师，适合使用示范和实验；而那些注重课堂活动的老师，则更适合使用创新的研究性的教学。善于口头表述的老师，可以多用讲授法、对话法；熟悉化学实践的老师，可以多用示范法、实验法；课堂组织意识较好的老师，就应该多用科学探究方法。当然，善于运用口头表述的老师，在充分发挥教学专长的同时，还必须确保学生们有充分的时间动手做化学研究；而精于实践的老师，在充分发挥组织对学生的研究专长的同时，还应确保组织对他们进行必要的教学。所以，一名优秀的化学老师，在发挥特长、形成特色的同时，还应当掌握使用各种常规方法的初步技巧。

（六）要按规定教学时间完成教学任务

不同的教学方法在讲授相同数量的内容方面所花费的时间也是不同的。一般而言，教授法、示范方法亏耗时间少，研究方法、讨论法、讨论方法、实验法亏耗时间多。至于某个实际问题应该选择何种教学方法，应按照课程的教育目的和可能利用的教学资源进行考量，不可盲目地进行选择。

  在课堂或教学活动中，要获得良好的效果，对于第一种化学方法，教师常常不是把一个方法用到底，反而要将多种方法配合运用。因此，在一堂课中教师不要总是讲课，常要配合运用表演、与学生实践、交谈或议论等手段。化学课的教学质量，在非常大的程度上取决于这种教学方法的选用与组合是否恰当。至于对于第二种化学方法，即发现方法，除其对课堂结构的特殊要求之外，教学方法质量实际上也是指学习、实践、探究、教学过程与第一种化学方法的结合使用程度。它的教学质量既取决于课程结构，又取决于化学方法的选用和组合是否恰当。所以，中学教师们总结了一个非常重要的方法——"教学有法，但无定法，贵在优选"。这就是说，一节化学课质量的好坏，非常大程度上在于老师是不是能够按照学生实际需要，对方法进行择优组合、灵活处理。所以，老师优选组合、灵活处理方法的水平，被认为是老师教学业务水平的一种主要标准。

第三章

基于化学学科核心素养下的高中化学有效教学策略

第一节　基于化学学科核心素养下实施有效教学的基本观点

第二节　基于化学学科核心素养下有效教学的展开与标志

第三节　基于化学学科核心素养下创设真实问题情境

第四节　基于化学学科核心素养下课堂有效教学的路径探究

第一节 基于化学学科核心素养下实施有效教学的基本观点

一、实施有效教学的基本观点

有效教学理念被世界各个国家教育者关注的时间是 20 世纪上半叶，主要是由西欧教育科学化运动美国实用主义哲学和行为主义心理学影响的教学效能核定运动为契机发展起来的。20 世纪以前，在西欧地区教育思想中居于主导地位，是"教学是艺术"。随着 20 世纪以来科学思潮的兴起，以及心理学，特别是行为科学的发展，人们意识到，"教学也是科学"，即教师在教学研究中不仅具备了自然科学的思维基础，而且也可以运用现代科学技术的手段开展教育科研工作。由此，我们又越来越注重对于涉及教育领域的哲学、心理学、社会学等领域的理论探讨，以及如何采取观察、实验等科学的方法来探索教育现象，而有效教育论也就是在这一背景下形成的。

（一）清晰授课

教师在讲述过程中用词必须要清晰确切、重点突出、逻辑性强，以使学生能够根据逻辑的先后顺序而逐渐学会。教师表述不清楚，而学生自然也就学不清楚，所以教师的表达能力也是一项非常重要的基本功。

（二）多样化教学

教师应采用丰富多样的、灵活多样的手段呈现教学活动内容，并引导学生参与体验活动，如富有挑战性的问题，热情的赞美，以及多样的视觉媒体（多媒体的画面、实验演示）、听觉媒体（优美的歌声等）、触觉媒体（动手实验或实践）等。

【案例】在复习卤族元素的 [新编高中《化学》必修（人教版）第一册 P96] 中，增补了锌与碘的化学实验内容，既可调动学生积极性，也可反映化学实验的环保理念。

1. 装置图（图3-1）

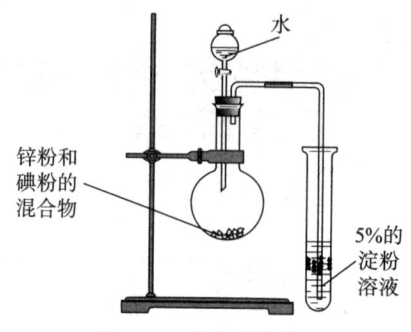

图3-1 改进后的装置

2. 操作

首先称取 1g 锌粉与 1g 碘粉末放入干燥、清洁过的研钵内磨碎，使其相互搅拌均匀，接着通过纸槽将混合液小心地送到圆底的烧瓶底部，然后将带分液漏子的双孔塞与烧瓶相连，并紧固于钢架台上。将分液漏子的双活塞磨损，使溶液缓缓滴入，最多注入 1mL 蒸馏水。如此可以观测到从烧瓶底部冒出的巨大泡沫，且瓶内紫色蒸汽继续升腾，盛放酒精溶剂的试管内溶液颜色也变蓝。当最后取下烧瓶并让其用手指碰，有非常明显的烫手的痛感，表明此反应是放热的。

3. 注意事项

（1）取用的烧瓶要干燥，否则还没加水便可发生反应，从而影响实验效果。

（2）加水时速度要慢，便于观察。

（3）烧瓶中的药品反应完毕后，让学生用手触摸烧瓶，证明该反应是放热的。

本案例告诉我们，想要使教学的有效性增强，作为教师要充分开动脑筋，进行创造性劳动，让学生进行有效学习。

（三）任务导向

教师讲课应有明确的任务要求，应使学生在迫切要求下学习，如果在他们没有积极性、好奇心和责任感的前提下进行教学，必然是无效的，甚至是失败的。

（四）引导学生投入学习过程

教师要引导学生主动地参与课堂（积极思考、动手操作、讨论交流），而假如不是学生的主动参与，那么就不是成功而有效的课堂教学。深圳市南山区的不少学校均采用了学案课堂，其基本出发点是通过让学生们"动手"填学案、"动脑"思问题、"动口"来实现互动，再辅之以相应的实践指导，让学生们在课堂学习过程中实现一定的学习目标。

（五）确保学生成功率

学生成功效率是指学生掌握并正确进行训练的比率。老师为了在限定时期内，使他们得到更大程度的提高，必须进行训练或问题探究，让学生体会成功的乐趣。其内容包括：分级问题，让不同的学生解决不同的难题，让他们都得到不同的成长；分级练习，让不同的学生均获得成功的经验；分级方法，让不同的学生都得到不同的成长。

二、有效课堂教学的内涵

有人将课堂教学效益定义为"经过一段时间的学习后，学生获得的具体进步与发展"。但这只是一个比较模糊的说法。有效课堂教学包括以下三个方面的内涵——"三有"：有效果，有效益，有效率。

（一）教学效果好——有效果

有效果即课堂满意度提高，使课堂教学目标、形式和内容达到和谐的统一，达到过程与结果的充分融合，使学生的学业成绩有提高（外在表征），学生的认知有进步（内在要素），学生的学习态度有变化（产生积极的学习愿望），学生的主动学习能力和核心素养也得到有效培养。

（二）课堂效益高——有效益

有效益就是有效的教育，在经济学中把知识中能够满足人的主观欲望的功能就叫做教学作用或效果，强调的是在学习中掌握的东西能够为学生所使用（有益处）。而教育效果量则讲的是教学活动过程及其结果，与社会环境和学生对自我发展的要求如何一致以及达到的程度如何。"是否符合程度"是对教学效益质的规定,"吻合程度"是对教育效果量的判断,即在课堂中学生的兴趣爱好是否强烈,行为习惯是否完善,知识提高速度是否迅速,综合素质发挥程度是否良好。苏霍姆林斯基认为,"阅读、书写、观察、思考、表达"是学生学习上的五把"刀锯",学生要学会学习,学会应用,学会做人,必须掌握这五把"刀锯"。

课堂教学价值的体现为课堂教学的收益、教学价值的实现,更具体是指对学生所掌握的知识、能力和素质都是有益的。课程的效果不仅仅是预期课程目标的达成,更需要考虑课程的投入与价值的体现。

(三)教学效率高——有效率

有效率即课堂达成度高,学生对知识掌握得扎实,课堂检测成绩好,以最少的付出获得最大的收获。值得指出的是,学习是一个循序渐进的过程,每一节课的学习有其近期目标,作为高中生在成长的过程中需要达成相应的课程目标,达成相应的育人目标。

$$教学效率 = \frac{教学产出(效果)}{教学投入} = \frac{有效教学时间}{实际教学时间} \times 100\%$$

提高学习效率(单位时间内所完成的学习任务)的途径主要有增大分子(教学效果好),减小分母(减少教学投入)。从教师层面来讲,要选取最好的教学方法、合适的教学内容、在互动中产生生成性效果;从学生层面来讲,学习应有较大的进步与发展、应学得快乐与舒心、有成就感和幸福感。

以上三种层次的教学内容都是相互联系的,并具有自身的统一性。学习时间是前提。投入一定的学习时间,提高学习效率,是提高学习效果、强化学习体验的基础。学习成果是关键。学业的进步和学业能力的提高不仅可以促进学习效率的提高,还能增强学生的学习积极性。学习经验是灵魂。积极的学习体验和态度会让学生乐于学习,提高学习效率,增强学习效果。

第二节 基于化学学科核心素养下有效教学的展开与标志

随着我国人民素质的日益提升,我国教育层次也得以提高,开展科学教育是我国现阶段高等学校管理工作的主要任务。新形势下,在高校课堂管理与教学上，化学教师们不仅应高度重视提升学生的课堂效果、学习成绩，还要注重培养学生的化学学科核心素养，如此，才能够更有效地提升学生的综合素质，从而培养学生国民素质。本节主要是根据编者本人多年的教育经验，深入探讨在化学核心素养下的有效教学策略。

一、提高化学课堂教学有效性的具体对策

（一）高度整合和利用教材内容

首先，为配合新课程标准的实施，高中化学的教师们必须树立正确的课堂教学理念，进一步改变传统的教学权威地位，逐渐改变老师作为教学主体和指导者的地位，而以学生为主体，全面认识学生的教学主体地位，充分发挥学生在课堂中的主要作用，为学生创造充足的课堂表现机会。

其次，积极探索化学实验教学模式。化学实验课是化学总体教学中的重要一环，对化学课堂的有效性影响非常大，化学教师对此也必须予以重视。在新形势下，化学教师在开展化学实验教学的过程中，切忌过分依赖传统化学教材、盲目依赖多媒体等，而应注重于增加化学实验的趣味性，有针对性、有重点地选择学生所感兴趣的化学重点知识，并以此作为课程内容，进而加强化学实验教学，训练学生的动手操作能力，提高化学课堂的有效性。

最后，作为化学老师，学校应该全面总结化学教材内容，创新使用分组协作的教学模块，以训练学生独立思考、协作研究的能力，在交流探究的过程中发挥学生主体能动性，培育学生创新思维能力。因此，在复习的"二价铁与三价铁"部分知识点中，化学老师应引导学生们自己预习实验、独立思考老师所给出的问题、共同研究部分重难点与疑点，在复习的过程中先记住自己所不理解的知识点，然后化学老师再用一定的上课时间给他们答疑解惑，最后要求他们自己完成二价铁与三价铁之间的过渡试验，以此提高对学习知识点的记忆与掌握。

（二）培养学生的科学态度与社会责任

在校内开展化学教学工作的进程中，化学教师要结合本学科的具体知识，创设良好的教学情境，将社会主义核心价值观、最新化学研究成果、化学家与科学相关的真实故事融入其中。在总体的实践教学活动中也要秉持着育人的根

本宗旨，这有助于学生形成正确的世界观、人生观和价值观，并由此培育他们的科学态度与社会责任。

比如，在讲授"铝单质的性质"章节知识点前，老师应为学生提供与课程内容相符合的教育环境。通过多媒体教学系统向学生介绍日常使用的铝制品，如易拉罐等。力求通过他们身边熟悉的东西来调动学生学习的积极性，使他们形成"周围处处有化学"的观念。

又如，在开始授课前十分钟，向他们讲述中国铝质器皿的使用史，向他们说明使用铝制品的注意事项：铝制品不能和强酸、碱材料长期堆放在一起，铝质器皿不可用来蒸煮食品等。为了启发学生对铝制品特性的探究，从而积极去探索铝的物理与化学性质。

教师努力创造良好的、立足于实际的化学课堂氛围，期望利用这个氛围让学生们进一步认识化学、了解化学对祖国经济发展事业、社会环保事业、人类健康等领域的重大作用，并由此极大激发他们学习化学的兴趣与动力，进一步在生活里，学习积极思考，并关心人体健康、关心未来发展，从而带动学生梳理和拓展化学教材中与人类发展和社会生活密切相关的物质的性质和用途。例如，氨容易液化，因此用作制冷剂；硅是半导体可以用作太阳能电池；过氧化钠和二氧化碳化合可以产生氧气；氧化铁可以用作红色颜料；氢氧化铝可以与盐酸发生反应，在医学上用于治疗患有癌症的患者。一旦学生掌握了这些知识，教师就可以利用这些知识创造良好的教学情境，培养学生的社会责任感等。

（三）引导学生切身感受"化学学科本质与思想方法"

随着我国传统教育体制的变革、新课程标准的引入，近年来的中考化学开始以化学基础、重要知识点出题。例如，物质结构、元素周期表、化学反应速率、化学平衡。这些考点在平时有机化学课堂中发挥着导向功能，无疑成为学员日常知识掌握的关键。所以，在有机化学培训教育中，教师必须重视帮助学员全方位、多角度地构建知识架构，建立模型，利用建模来掌握知识点。

综上所述，化学核心素养不能作为个体而存在。它隐藏于化学知识之中，需要教师带领学生去发现、探索。可见，在日常教学过程中，化学教师必须把学生对核心知识的理解和掌握作为教学的重点，比如物质、化学反应中的能量变化、氧化还原反应、离子反应、盐水分解、电池、金属元素及其化合物、有机材料的性质和结构等。只有记住、理解和掌握这些化学核心知识，学生才能实现素质教育，真正提高学生化学能力，实现全面、终身发展。

二、化学学科课堂有效教学的标志

（一）教学目标有效——科学简明

课堂教学目标是老师思考的第一个问题，如果说课堂教学目标老、多、空，显然是难以完成的，但唯有清楚、具体、科学、简洁、切实可行的课堂教学目标，才会让课堂有的放矢，从而获得良好的教学效益。有的教师甚至干脆直接告诉学生"考纲要求"，以期吸引学生关注，也是一个非常好的方法。

（二）教学容量有效——适量适度

教师们都应该贯彻最根本的教育原则和教学准则，科学地选择和搭配教材内容，科学地进行各方面的教育培训，既不能"贪多忽效"，也不能"求少图便"。因此，对于教学内容的掌握，进行时限和次数的控制，以及什么内容应当少说精练，什么科目应当机动布置等，这些教师都必须要考虑得周到，不能采用随心所欲、盲目施教的方法，要力争让学生主动参与，学而不厌。

（三）训练定点有效——突出重点

在课堂教学上，先讲什么，后讲什么，重点讲什么、示范哪些，还有要解决的什么问题，教师都要心中有数。倘若教师课堂上主次不分，"胡子眉毛一把抓"，学生想全面开花却不能，上课重点突不破，课堂上难点攻不下，则整个班级就实现不了预想的任务。

（四）教学方式有效——选择恰当

老师应针对课程性质、校园情况和学生状况等，合理、认真、灵活高效地进行授课。化学课程教材切忌"一刀切"，只强调化学基础理论，不顾及当前实际。但实践已证明，唯有因地制宜、因材施教，教学方法简单贴切，才能够使学生感到乐趣、大有收益，方可实现课程宗旨。

只有针对课程的学生情况选用恰当的教学模式，才能推动学生有效成长。探索式的教学方法无疑是一个训练学生科学素养的有效手段，但是探索的教学方法不是万能的，不是绝对适用所有的教学方法。

（五）教学过程有效——充分展开

教学目标来源于课堂内容，一堂优质课的分组教学、传知授技、课堂练习、讨论与互动等方面都要独具特色，因此教师既有"定向目标"，也有"拓展思考"。在课堂的各环节中，教师也要学会洞悉问题而"伺机展开，深挖细掘，见好就收"，做到"活而不乱""导而不烦""学而不厌""乐而不纵"。

课堂教学特点是丰富课堂教学内容，每一节优质课的分组教学、传知授技、课堂练习、讨论与互动等方面都要独具特色，使得课堂的教学既有"定向目标"，也有"拓展思考"。在课堂的各环节中，老师们也要学会洞悉问题而"伺机展开，深挖细掘，见好就收"，做到"活而不乱""导而不烦""学而不厌""乐而不纵"。

（六）教学时间有效——恰到好处

针对教学中各部分的时间安排，教师在备课时也要预设时间。而一般来说，由于教学重难点、学生练习所占用的课时比较多，不言而喻，课堂中教师在单位时间内的教学任务越是出色、所花费的时间也就越少、课堂教学的密度越高，质量也就越好。于是，人们需要在时间有限的课堂中，开展更有效的课堂教学。

（七）全体学生有效——都有收获

教学要面向全体学生，要让所有的学生都有不同程度的进步。在实践教育中，切忌只看重优等生，歧视后进生，偏爱对优等生的培养，而放松了对后进生的教育和引导。一个好的老师应当获得全体学生的尊重和喜爱；一个好的老师应当让受教育者都获益，让每位学子都能得到进步。

第三节　基于化学学科核心素养下创设真实问题情境

随着教育教学改革的不断深入，传统的教学方法已无法满足现代的教育挑战，变革已势在必行，创设问题情景设计可以激活和提高学生的认识活动与实践活动，可有效地提高教与学。设计生动活泼的教育情景不仅能够调动和提高学生的情感活动，教育情景设计更是他们探索认识、培养新意识活动的有效工具。老师应创造能调动学生探索意识的问题环境，训练学生的探索才能。那么，怎样在高中化学课堂中创设问题环境呢？

一、联系生活实际创设问题情境

化学作为一个与我们的衣、吃、住、行等联系得较为紧密的专业，在日常生活中可以处处触及有机化学，从化学在现实生活中的实际运用出发来创造情境，既能够使学生感受到掌握有机化学的必要性，也便于学生运用所学的化学理论知识处理现实问题。当学生能够运用化学常识处理一些生活上的小问题时，学生们就会产生了成就感。同时学生的化学学习兴趣也会被激起，从而必然地会产生进一步去认识、去了解化学的愿望，而探索意义在这个愿望中也就自然而然产生。

二、通过化学实验创设问题情境

化学是一门以实践为核心的自然科学，化学实践也是在有机化学课程中创设新问题情景的有利条件，各种化学实践以其直观性、形象性和变化性，给学生们带来了大量鲜活的感性素材，而老师们精心设计的化学实践在给予他们惊喜、困惑与矛盾的同时，也能激发起他们浓厚的化学兴趣与求知愿望。所以，通过在实践中的努力营造问题环境，更能够发挥学生的主动性，也有助于老师带领他们利用对自己的研究、探索与研究去思考化学问题、探究现象，进而发现化学问题的实质，探索化学问题的存在原理。

三、利用认知矛盾创设问题情境

新知识与旧的认识的冲突，生活知识与自然科学概念的冲突，直觉、知识与客观事实的冲突等，都能够激起学生的探索好奇心和认知欲，产生积极向上的知识环境和情感气氛。

心理学实验也表明，只是当认知结构与外界刺激发生不平衡时才出现认知的需求。但是，提供问题环境就是因为出现了问题，使教材内容和学生求知心态之间产生一种"不协调"，把学生带入一种多疑、猎奇的氛围，从而使他们产生读书的积极性。

在"钠"一节教学中，可以提出如下问题："当发生火灾时，我们首先想到用什么灭火？"很多学生脱口而出："水。""今天，我却要用H_2O来点火，大家相信吗？"（教师用滴管向酒精灯灯芯上滴几滴水，结果酒精灯燃烧起来）俗话说："水火不相容。"那么，水又如何能够把酒精灯点亮呢？"反常"的实验现象充分调动起学生的热情，课堂气氛十分活跃。教师就可以趁机向学生解释，因为事先在酒精灯灯芯里"藏"了一小粒金属钠。"钠为什么遇到了水，还能够把酒精灯点亮？钠与水又是怎样反应的？"通过创设这样的问题环境，激发他们旺盛的求知欲，进而在老师的指导与激励下，对于提出的问题，他们也能积极地去探索。

四、利用化学史实创设问题情境

我国的著名化学家傅鹰先生就曾说："化学教育可以给人以知识，化学史更可以给人以智慧。"在有机化学课程中合理地利用化学历史来构建探究情境，不但可以使学习不再仅仅局限教材内容，而且可以在追溯历史的渊源和历史的发展中让学生体验科学探究的过程，了解科学研究的过程，培养学生的科学精神与人文素养。

在认识"苯"这部分中，苯元素的形成是一个关键，也是认识中的一个困难。在讲解中，可根据苯的存在、苯分子式的定义和苯的环状分子的形成方法来激发学生的学习兴趣。在苯的分子式里，氢原子还远远不能实现饱和，明显不符合前面几章所介绍的几种烃的分子性质。这时通过介绍在德国的化学家凯库勒"梦境"中找到了苯分子的经历，既让他们了解到科学研究的曲折与艰难，也能激起他们积极探索的愿望，从而增进他们对有关科学知识的了解。

五、利用生动故事创设问题情境

调动他们学习积极性的途径与方法不少，如日常生活中与学习专业知识相关的趣事，以及富有情趣的化学寓言、夸张的化学卡通图片及视频、鲜活的化学资料、符合他们语言风格的文学对白等，均可调动他们的兴趣，并点燃他们思想的火花，以便全身心地投入教学工作，从而有效地改善化学教学。所以，用化学故事营造情境是非常有效的手段。

综上所述，在化学课堂教学中，老师们必须严格按照最新课程标准的要求,正确把握学生设计化学问题情景的基本目的与方式,并通过尽量多地设计化学问题情景,调动他们的学习兴趣与探索意识,让学生轻松愉快地从问题情景中掌握新知识,培养新技能,从而全面提高学生的整体素养。

第四节　基于化学学科核心素养下课堂有效教学的路径探究

随着推进素质教育的改革的实施,高中化学教育发生了翻天覆地的变化,从以"三维目标"为主的传统教学模式,转变为以化学课程核心素养为基础的有效课堂教学模式,从注重知识转变为注重培养学生的能力。这种教育理念强调以学生的心智发展为核心,以化学基础知识和能力为重点,以此来满足中国当前的实际需求,满足新时代的教育要求,以及为中国特色社会主义事业的发展提供有效支持。为了实现化学课程的优化改革,高中化学教育应当认识到其重要性,并努力探索出一条能够提升学生基本素质、提升学习效率的新路径,以期达成更加完善的教育目标。

一、巧设教学展示过程,促进学生有效理解

通过课堂教学展示,我们可以很好地协助学生了解化学知识点。过去,我们通常通过传统的黑板来呈现,但这种方法的缺陷已经被逐渐改变。如今,我们利用各种新型的媒体,如视频、课堂互动游戏等,来帮助学生最好地把握所需的信息。当前,为了进行有效的课堂教学,老师应当充分发挥多媒体技术的优势,通过有趣的互动和展示,将物理化学知识点的深刻含义和实际应用结合起来,让学员不仅可以很好地理解和记忆,还可以通过实践活动来提升自身的综合素养。

因此,教师在开展"金属的化学性质"等有关专业知识的课程时,除了一些真实的展示之外,为帮助学生更好地掌握金属的化学性质,老师们也可通过多媒体展示的方式进行,来构建课堂教学的环境。在实际的化学课程中,老师们必须在课前先联系本课的教学内容进行探究,并分析课程所呈现的教学结构方式。而经过深入研究,我们就可以看到,"宏观辨识与微观探析"是本课程

中可以贯穿的重点化学素养,为贯穿这一素养,老师们在设计课程呈现时,除进行了宏观方面的实验展示之外,还可以设计金属基本分类中,关于金属离子变化的模型实验呈现,使学生理解金属在进行基本分类时,它从宏观和微观两种维度上都出现了改变的事实。

二、组织小组合作探究,培养学生化学能力

随着时代的发展,许多中国的高中化学课堂已经摆脱了传统的填鸭式教育,强调培养学生的实践性和创新性,让学生更加全面地掌握物理化学的基础概念,体现出更多的实践性、创新性和实用性,从而提升学习效果。通过采取小组合作的方法,高中的化学老师可以更有针对性地指导和帮助中小学生,提升他们的学习成绩,培养他们的科技创造性思维,激发他们的科技潜力,为他们的未来发展打下扎实的基石。中学生在深入研习中获取了丰富的化学知识后,将激发出一种无比的荣耀,并且让他们拥有极大的化学自尊。

比如,在学习"化学能与电能的转化"的时候老师应该深入了解学生相互之间的化学差异,把它们归纳成不同的学科,使学生们可以有效地将它们结合起来,形成化学学科的完整体系,从而使学生们可以更好地利用化学的学科特性,实现学科的最大化。老师应该深入了解化学课堂的知识,并为每个小组提供更多的实践性的探索,包括探索化学与电力的交叉点,深入了解原子核的运行机制,探索它们的反应过程,并且熟悉它们的反应过程。当时,老师应该充分发挥其作为指导者的角色,鼓励每一位学生尽情发表观点,并且开展有效的讨论。接着,老师应该鼓励每一位同学相互之间开展有效的沟通,共享彼此间的知识,从而更好地理解并运用知识。通过深入研究化学,我们可以培养学生的创造性思维、实践技巧以及综合性的素养,从而使他们的思维水平有所进步。

三、合理设计导入环节,提升学生学习动力

众所周知,一个好的开始往往能起到事半功倍的效果。化学课的引导环节作为学生每节课的起点,对他们今后的化学发展有着不可忽视的重要作用。因此,高中化学教师可以在具体的课堂过程中适当设计好这类环节,使课堂内容变得更加丰富多彩,这也可以增加学生在化学课上的复习主动性。利用现代信息技术丰富化学课的内容,或通过有趣的活动介绍必要的化学知识,使学生学

习更多的知识，产生浓厚的学习兴趣，这不仅有效地提高了学生学习化学的兴趣，而且培养了学生学习化学知识的综合素养。

例如，在学习"二价铁离子和三价铁离子的转化"的同时，首先，老师应该利用多媒体教学设备向他们介绍与此有关的净水剂，同时让他们通过观察这些净水器的净水性能，加以比较与归纳，让他们能够试着利用自身学习中的化学理论知识加以研究。接下来，老师会继续利用多媒体教学设备给他们进行二价铁分子与三价铁分子这二者的反应实验，使他们认识到化学反应实验是怎样把这二者加以反应。最后，教师可以令学生根据刚刚所观看的化学实验视频进行总结，其学生能够通过此而了解到铁盐和亚铁盐这两者的性质。教师通过这样导入化学知识的学习，使化学课堂的氛围变得不再枯燥，学生就会变得更加主动。

四、有效设计教学提问，引导学生深入思考

有效的教提问的开展可以支撑学生深度反思的发展，但现阶段，作为学生基本素质培养的重点任务，教师必须对学生有效探究的过程和方法进行深入研究。在课堂教学实践中，教师首先要对拟定的教学主题进行研究，然后讨论合理、实用的主题设计。课上，教师在设计问题时，也要深入渗透基础素养的内容，在问题设计中尽量考虑基础素养训练的要素。

例如，在进行"硫酸、硝酸和氨"这一课的教学时，为了有效地发展学生的能力，让其进行深度的思考，教师在教学准备环节就需要联系本课的实际内容来设计几个问题。在本课的实际中，教师可以设计诸如"硫酸与金属反应生成氢气，氢气的来源是哪里呢？""为什么浓硫酸和金属的反应与稀硫酸不同呢？"的问题。在学生的思考过程中，为了凸显核心素养内容的培养，教师还可以从微观、宏观两方面进行论证，引导学生进行逻辑推理。在问题的设计完成后，教师就可以定位本课的教学引申和小结环节，分析每一个环节中应渗透的问题。

五、开展化学实验课堂，增强学生实践能力

实验是学生学好高中化学课程的重要基础，也是学生深入理解和全面掌握化学知识的重要途径。因此，化学教师可以在实际教学过程中进行化学实验，提高学生在化学课上的学习效果。教师可以明确具体化学实验的实验目的，并

让学生根据该内容设计具体的实验步骤。学生在进行实验步骤的同时，可以不断发现问题并加以改进，以达到更好的化学实验效果，使实验具备更高的实用性能，完成化学实验。通过化学实验的设计，学生的化学动手能力得到更好的增强。同时，教师还可以向学生演示一个化学实验，学生在实验过程中仔细观察一些实验现象，进行实验，并鼓励他们尝试用所学到的知识来解释它。

比如，在学习"电解质"的时候，首先，教师可以事先改造好某个音乐盒，然后将音乐盒两端的导线插入到不同的溶液中，令学生观察现象。有的学生可能会说："刚刚音乐盒发出了音乐。"有的学生则可能会发现不同："但是有时候音乐盒就不会发出音乐。"其次，教师就可以开始引导学生思考，为什么会出现这样的实验现象，以此来帮助学生正确地学习电解质和非电解质这一部分内容。

第四章

基于化学学科核心素养下的高中化学课堂教学模式

第一节 "任务驱动法"教学模式

第二节 体验式教学模式

第三节 生本理念教学模式

第四节 活动单导学教学模式

第五节 项目式教学模式

基于核心素养背景下的教学更强调提高学生的实际意识与思维能力,以及科学的核心价值观。所以,加大对高中化学课堂方式的创新与研究,成为当下化学教学研究的当务之急。基于此,本章通过"任务驱动法"教学模式、体验式教学模式、生本理念教学模式、活动单导学教学模式、项目式教学模式这五种模式对化学学科核心素养下的高中化学课堂教学模式展开具体的分析。

第一节 "任务驱动法"教学模式

当学生为完成一个有兴趣的任务时,会积极主动地思考,会不断地查阅资料,多次修改方案,直至完成任务且达到目的为止,学生的这种学习方式是在任务驱动下自主完成的。由此发展而来的"任务驱动法"是新课程改革中颇为有效且常用的教学模式。

一、基本定义

所谓"任务驱动"就是在学生教育的发展进程中,学生在教师的积极帮助下,紧紧围绕着一种共同的责任活动中心目标,在学校强有力的组织推动下,通过对校内教学资料的积极主动利用,以及进行自主讨论和交流合作的方式,以便于在实现自身目标的同时,也促进其共同学习的一种知识实践活动。

"任务驱动法"最根本的特点就是"以任务为主线、教师为主导、学生为主体",改变了以往"教师讲,学生听"、以教定学的被动教学模式,创造了以学定教、学生积极参与、教师积极配合、学生探索和发展的全新的教学模式。

任务驱动法与学生的人格成长过程密切衔接,可以更有效地影响学生的学习态度,从而充分调动他们对学习化学的兴趣与主动性,使他们更喜欢学习、享受学习、懂得学习。

任务驱动法与学生的知识模式相互联系,能够转变学生的知识模式,调动学生的求知欲,让每一个学生都能够基于自身对当前情况的认识,利用共有的知识以及自身独特的经历提供方法、问题,进而训练学生分析问题、解决问题的能力。通过学生彼此沟通,互相激励,鼓励他们的合作学习,培养他们主动学习和与别人合作的能力。

在完成任务的过程中，学生通过探索发现新知识、了解旧知识、应用新知识，进而不断地形成全新的认知结构，从而进一步开阔视野，并开展发散式思考和求异思维，进而提高创造力。

在高中的化学课程中，采用目标驱动法可以培养学生的主体意识，通过调动学生学习兴趣，训练他们的化学实际应用技能和社会管理实际技能，进而培养他们的创造力和社会责任意识。于是，在高中的化学课堂中如何运用任务驱动教学法教学，变成了当今化学教育中所必须探讨的一个重要话题。

二、理论基础

（一）建构主义

建构主义学习理论主要包括以下三个方面。

首先，认识是一个意识建立的过程。人类对世界的认识与其自己的认知结构密切相关。学生在掌握知识的过程中，并非经由教师的直接传授而成为知识，而是经由学生本身对知识结构的不断认识而演变成自己的内在结构。自身知识的掌握，是外部环境和知识相互作用的产物。

其次，知识是磨合发展的过程。而知识的成长，依靠个人现有的知识结构。因为每一位学生都有自身的认识特征，对客观事物也有着独特的认识，所以，不相同的人对事物的概念与理解都是完全不同的，而他们在学习生活中得到的认识也和真实世界之间存在着误差。所以，只有经过时间磨炼才能走向完全一致。

最后，知识也是一个现实情境的经历。教学的目的不仅是帮助学生记住一些知识点，最主要的是使他们懂得利用已有的能力去分析问题并解决问题。

建构主义思想和一般的教学思想有着明显的差异。建构主义认为要让学生在阅读活动中会考虑问题并解决问题。所以，教师要从实际的教学工作入手，训练他们的思维方式，即具有全面和创新的解决问题方式。

由此可见，现代化学课堂教学模式旨在培养学生的独立思考、实践操作技巧和创新思维，使他们不再局限于传授基本的概念和原则，更加注重培养学生的创新思维和实践技巧，这也是当今教学中建构主义的核心思想。

（二）多元智能理论

多元智能学说是由美国国家教育学院的身心教育学者霍华德加德纳在 1983 年创建的。加德纳的多元智能学说认为人类智能是复杂多样的，每个人体内都必须具备八种智能，这八种智能依次是语音智能、逻辑—数字智能、身体—动觉智能、声音—节奏智能、视觉—空间智能、自律—自省智能，以及沟通—沟通智能和自我认知智能（加德纳在 1995 年补充）。其核心目的，就是提供给学生一个不同于 IQ（智商），而比 EQ（情商）更宽泛、更全面的发展概念，让学生在发展目标方面具有更为广阔的余地，改变学校总体教育宗旨：开发学生多元智能，帮助他们选择适合自身方向的职业和兴趣目标，让每个学生拥有自信，并以负责任和建设性的方式充分致力于终身学习，服务社会。

加德纳认为，人类智力和能力是有最佳发育期的。同一智能针对不同人，有不同的最佳发展期；各种智能理论对于一个人来说有着不同的学习发展期。成熟的过程，是指潜在智能逐渐显露或已经显示的智能进一步完善的过程，而一个人的成熟与否，并不是仅仅局限于对他学业水平的评判，而需要有对各种智能方面的评判。因此多元智能理论为人们提供了全新的要求，也就是对我国的学校教育和学科教学提出了新的要求。

（1）转变了课堂教学理念。因为以往的教学方式大多以教师说为主，学生听为辅，是枯燥无味的"题海战术"，并没有重视不同学科的思维方式和思考方法上的差异。多元智能理论认为，人可能拥有不同程度的八种智能，同时各种智能也不尽相同。所以，教学手段与教学方法也应该随着学校的教育需要加以变化。

（2）教育中要树立科学的考核观念。多元智能研究中心对原来的智力测验与机械知识能力评价方法进行了批评，指出原来的智能考核方法过于注重理科思考与表现实际问题的能力，而极其强调机械能力，因此极少有对学生理解、计算能力与创新能力的考核和分析；这些考核是盲目的、不正确的。未来的考核将着眼于加强学生多种技能的训练。

（3）改变学生的思想。多元智能理论指出，人的智商在各个阶段都具有不同的发展特征，而每个学生在同一阶段中也具有不同的智商成长特点。所以，多元智能学说向教师展示了积极的学生思想，每个学生都有自身的优势与特长，由教师从多种方面去发掘他们的特点，并适当地选择适合他们特点发展的教育方法与措施，有针对性地教育，使每个学生的优点都得到有效的发展。

（三）心理学基础

"任务驱动法"教学模式是在深入研究学生学习心理的基础上建立起来的。除了任务的驱动外，还充分调动了学生的探索心理，运用了学生内在的心理驱动。

第一，"认知"驱动。"任务驱动"的核心是认知内驱力。认知内驱力（cogntive drive）是人们在不断地与外界事物接触的过程中理解周围事物的心理诉求，掌握、阐述、解决知识和问题的需要。在实际的学习过程中，认知内驱力主要是指学生为了获得知识，而不断采取的相关措施和方法。学生在学习过程中为了获得相关的知识，提升自身的修养和素质，不断地充实自己，主动参与学习。这种动机也称为内部动机。教师要及时引导学生回到正确的方向，了解任务中真正要探究的知识点，并对学生在完成整个任务中的每一个环节进行认真的评价，同时使学生及时发现自身的缺点和不足，提升自身的思维能力和学习能力，体验成就感。

第二，"自我提高"驱动。一般在学生群体中成绩好和有领导能力或有一定才能的学生，总会成为班级里比较受欢迎的人，才能或能力越突出也就越能得到相应的地位，所以"自我提高"的内驱力是成就、地位、自尊的来源，它是一种外部动机。任务驱动教学模式中，在分组完成任务的时候，教师根据小组内学生学习情况、领导能力等自身的特点，任命小组的负责人。完成任务时小组间对完成任务的结果也有一定的竞争，这都是"自我驱动"的表现。在教学过程中，教师在激发学生自我提升的时候一定要考虑到学生之间的差异，通过不同的方法和手段来激励学生自我提升。当然，做任何事情的时候都要掌握一定的度，适当地引导激励学生，以免造成学生的学习动机不正确，从而酿成不良的后果。

第三，"附属"驱动。产生附属内驱力（aflative drive）的目的是得到赞赏和认可。首先，学生在学习和生活中对于崇拜的历史伟人或周围比较出色的人在感情上具有依附性，他们的优秀事迹激励学生在学习和生活中不断进步，追随着前人的脚步，希望能成为他们所崇拜的人那样优秀。其次，他们通过不断的奋斗，在别人身上得到赞扬或肯定，也由此得到了一个派生的身份。再次，受到了他人认可和分享着这个地位喜悦的人，便会在潜意识中根据这种社会的大众规范去规定自我，并按照大家都希望的方式完成，如此就可以不断得到别人的赞许与肯定，在教育过程中也能够对学生的这些心智过程加以合理的运用与掌握。最后，学生便能够得到同事的肯定，在同行中逐渐形成优秀的个人形象，这就是人们平时认为的"榜样"，能够成为"榜样"是十分自豪的。

三、基本环节

（一）创设情境

创设情境是提供与当前课程主题相应的、尽可能现实的教学场景，使学生带着现实的"任务"走进教学场景，让课程变得简单而形象化。生动直观的人物形象能更有效地调动他们的思维，并激发他们原有认知的结构和有关的新知识、经验，以便于他们通过运用有关知识和经验同化或适应已有的新东西，从而提高技能。

（二）确定问题（任务）

确定问题是在新创设的情境下，通过选择与当前学习问题相关的实际情况或问题（任务）作为学习的中心内容，让学生面临一个需要立即解决的现实问题。问题（任务）的解决，有可能使学生更主动、更广泛地调动自我意识和实践，从而理解、研究和解决当前课题。问题的出现为新旧学科的联系、拓展提供了好的平台。通过问题的出现而进行认识，是探究型教学的重要特征。

（三）自主学习、协作学习

"自主学习"所倡导的精神是自由、独立、创新，只有学生在自由的环境中得以独立，学生的创造性活动才能得到发展。在课堂上，自主学习活动通常被看作学生学会求知、掌握知识的主要基础，同时又是一种在教师的正确引导下，由学生自己制订适当的学习计划、调动和组织各种任务活动的创造性学习活动。但因为自主学习强调的是个别，而协作学习又强调的是小组，所以协作学习活动一般采取小组协作的形式进行。教师根据学生的实际情况进行合理分组，每组选定小组长，由小组长组织小组成员完成教师所布置的任务。

（四）效果评价

对教学效果的考核一般包含两个方面：一方面是对学生解决问题的方法、步骤和成果的考核，即学习内容的价值建构的考核；另一方面是对学生自主学习能力和合作学习水平的考核。

四、教学过程

任务驱动的教学方法是由任务来推动整个教育过程，中心点围绕着任务，学生根据任务探究知识，以教育过程带动整个课堂。

在任务驱动的教学模式中，以"呈现任务—明确任务—完成任务—评价任务"的教学主轴，使得整个教育过程能够大致分为四个阶段。

（一）呈现任务——结合学生特点，精心设计任务

任务驱动法教学模式中的呈现人物首先要求教师要有明确的教学目标，教师在设计任务时可以采纳的方式是先将总体目标分散细化为小目标，再将小目标细化为多种不同的任务且这些任务是学生容易完成的，最终使学生通过完成细化的小任务完成最终的整体目标。

在教学过程中，老师们先是将课程中的每一节，都按照教学计划设定了一个工作任务，再把工作任务又细分成了一个个分任务，而在每堂课中都有若干个任务所构成。也因此，在教学"金属钠性质"的时候，在这些课程中所隐含的物理知识点，就有了：①钠的物理性质；②钠的化学性质；③钠的长期贮存；④钠的再使用等。首先将前四项知识点都蕴含于四个分项任务之中，每一堂完成一个分任务，接着又将各个分项任务组合形成一个整体的课程。每一项任务的设计内容，都依据学生的认知情况、课程的统筹与设置而定。

（二）明确任务——让每个学生掌握自己的学习任务

1. 指导学生分析任务并提出研究的问题

从创造的情境中所发现的新课题。在实行任务驱动教学法的时候，可以为学员们提供良好的氛围。由于学生的思维活跃是建立在强烈的兴趣之上的，因此，要使学生积极主动学习，首先要激发他们的预习积极性，从而引导他们全身心地投入学习。再者，由于课堂内容总是和特定的情景有着直接联系的，

因此，在开展课堂前，设计一种和当前所学内容有关的能够引起学生关注的情景，让学生对这节课堂教学内容发生兴趣也是十分关键的。

在设计情境教学导入时，首先必须使任务驱动课程产生清晰的任务，使"学"和"教"在相对统一的情景中进行；然后提供与学生当前所学内容密切关联的任务，使他们面临一些需要马上去分析与探究的问题。当他们正在进行一项他们感兴趣的任务时，将变得更加专注。在这一阶段，老师重点是创造情景，先给出具体的教学任务，再对这一任务的内容进行加以引导与点评。在课堂上如果用布置任务来引导学生教学，老师应该先用一些与课堂教学内容相关且学生感兴趣的问题，以激起学生自我反思问题的欲望。然后，老师给出引导性的问题，让学生知道问题处理的突破点。

例如，老师在讲解"化学电源"一课时，播放一些有关各种化学电池的图片，并提出问题："我们身边有哪些你熟悉的化学电源？它们的工作原理是怎样的？"原先学生们对这些视频只有基本认识，而现在提升到从物理或化学层面上来分析就能引发他们的兴趣，这样学生们就能提高自己对该科目知识的了解。

在任务驱动教学中，最重要的就是"任务"概念的提出，它将决定着我们的学生是被动学习还是主动学习。

任务本身便是一个情境。任务设置的质量会直接影响着学生是否参与到教学过程当中，也影响到学生学习的整体成效。合理的任务设置，会让教师的课堂教学更轻松、学生学习更加积极与主动，学生的主体意识与情感也更受到培养。

每一种任务都既蕴藏着新知识也含有陈旧知识，他们在进行的过程中需要考虑如何去处理问题，在处理问题的过程中通常也会出现无法处理的情况。此时学生提出疑问，老师进行指导，引出对新知识点的掌握，如此才能充分调动学生的兴趣。

因此，在学"元素周期律"的时候，就需要我们先看书知道各主族元素化学性质的差异，从中发现氟、氯、溴、碘等的性质相似。有的学生会提出问题：为何氟、氯、溴、碘化学性质上有许多的不同呢？此时让他们进行任务研究务。其中既包括对物质组成和金属化学性质关系知识，也包括物质分子结构和元素周期表上的旧知识，甚至还包括对元素周期表上与金属化学性质有关的新认识。这也就是这一章中所要研究的主要课题。

2. 根据提出的问题，及时讲授新知识

问题提出后，学生就应该进行处理。所以，对每一节课，都应根据内容和教学任务的具体要求提出适当的问题，由学生们自行处理。例如，在教授"氧化还原反应"一课时，就教师就应向学生讲解氧化还原反应的基本概念。这个问题通常简单明了，会相对轻松解决，而且完成了以后学生会更加有成就感。紧接着，教师会进行询问："氧化还原反应的特征和实质是什么？"这个任务相对比较起来有一定难度，不过可以锻炼学生的思维。通常学生在解答问题中都能发现存在的问题，这样在教师做出提示和解释以后，会看得比较详细，而且理解起来也会更加容易。

（三）完成任务——培养合作、交流和创新的能力

学生的知识水平、学习方式和思考方法，在完成任务的过程中都是相当关键的。而学生能否具备全面的知识结构、合理的认知方式、严谨的思考方法以及熟练的解题技巧，都直接关系着任务进行的速度与效率。所以，通常在课堂上将学生分为若干个小组，并采取协作交流的方式共同完成研究任务，这既能够很好地弥补学生知识结构的不足，从而培养学生解决问题的技能与方式，也能够更高效地解决实际问题。比如，在研究使用 Al、NaOH、H_2SO_4 来制备硫酸铝的最优化方法时，就将学生分为六个小组展开研究，最后由各个小组派代表说明方法的理由。这样一来，既培养了学生的协作能力，也培养了交流共享意识。

（四）评价任务——对学生给予鼓励和引导

从心理学角度来说，每个人都有非常强烈的成功感和荣誉感，这种成功感和荣誉感需要每个人独特的认可和展现，对于成绩不是很好的学生尤其如此。我们需要大家更多的赞扬和肯定，需要更多的自我表达的空间。教学评价是学习者反馈自己学习情况的有效方式，也是学生了解自己学习情况、进一步了解自己学习情况的重要方法。完善知识结构，改进学习方法，激发学习动机。学生完成作业后，首先要求学生进行自我评价以及小组成员之间、小组之间的互评，找出不足，进行修改和改进。评估学生完成的总体成绩。通过评估学生的学习成果，学生可以更清楚地了解完成作业的最佳方式。通过重新分析作业和利用各种学习环境，学生可以形成自己的思维和学习方法，构建自己的知识体

系。同时，教师应引导学生互相评价，并针对其具体结果给予适当的指导，进一步完善学生的认知结构，促进学生各方面能力的提高。

五、教学设计原则和技巧

高中化学课是一种实用性比较强、对学生思维能力要求也比较高的科目，在高中化学课中教师一般采取任务驱动教学法，让他们在一个个既定的任务驱动下实现任务，可以帮助学生由易到难、按顺序渐进地完成所有目标，也可以帮助学生掌握更清晰的思考方式和知识逻辑。完成任务的能力，实际上就是要培养学生探究问题、解决问题的能力，它既符合学生的认知特点，又符合他们的认知特点。

（一）任务的种类

教学工作是老师在课中班后备课时最关键的工作，这需要老师统领整体教学，合理安排课堂教学，进而确定教育目标。根据学生实际情况，一节课的内容安排不宜过多，任务的难度相对适中。

通常任务类型可分为三种：一是任务的要求必须十分明确，如果要求一致，而任务类型则比较便于在不同知识单元间的教学；二是任务的知识部分必须是教师明确所要求的内容，另一些任务则是可让学生自由发挥的；三是教师通常并不给出原则性的要求，将某些知识点由学生自己的能力发挥实现。例如"乙醇醇类"一节，教师便可布置如下任务。

问题1：列举你所熟知的酒精（乙醇）物理性质。

问题2：写出乙醇分子式、结构式及结构简式。

问题3：归纳乙醇化学性质及其与结构的关系。

问题4：什么是醇激素？糖醇有什么化学性质？

这样，他们的学习目标更加明确，兴趣浓厚，能积极主动探究问题的结果。

（二）任务设计的原则

（1）教育内涵：体现在教育工作的设计与完成实施中，传递对学生的情感态度、人生观以及爱国主义教育等信息，实现寓德于教育。

（2）科学性：教育内容的确定一是要兼顾学科知识的整体性，二是要充分考虑到中小学生的心理认知内涵和生长发育特点，由浅入深，合理安排。

（3）开放性：在任务设置时要具备相当的开放性与灵活性，让学生有较为广泛的思想创造空间。

（三）任务设计的技巧

（1）设计具有明确目标的任务。我们可以在制定学习目标的基础上，将总任务细分为一个个小目标，并通过这些小目标的实现来达到总体任务。

（2）任务设计的整体性。设置题目时要注意知识点间的关系，并循序渐进。

（3）项目设置必须具有开放性和原则性。学生面临的任务需要涉及许多知识点，但并非越难越好，最好是设置几个不是唯一合理答案的题目，让他们充分自由发挥、随意设想，只要言之有理就行。在设置这些题目时教师掌握好原则规定，并进行指导，以便开阔他们的视野。

（4）设计知识问题，激发学生的参与兴趣。在教育活动中老师要指导学生并指出错误。比如在讲授"电解池原理"时，学生会出现疑问：类似电解熔融氯化钾与电解饱和氯化钠的过渡元素，在电解着色实质上有哪些差别呢？当他们对迷茫疑惑百思不得其解之时，老师把握机会点拨学生可以取得较好的教学效果。这样，由于他们的思维方式从始至终都紧跟老师的讲解内容，学生在思考问题的过程中就迅速巩固了所学知识点。另外，老师在新知识点的介绍中还设置了若干课题，待学生提出课题，老师再把新知识点介绍给他们，学生就自然地树立起对新知识点的了解。

（5）制定一些带有趣味意义的任务。美籍教育家布鲁纳曾指出："学习的最好动机是对所学材料本身发生兴趣。"这样，教师们在设计任务的同时可以激发学生的学习积极性，进而充分地调动起学生强大的求知欲。

（6）加强与其他课程的联系及渗透性。在课程任务中，整合其他相关课程的知识点有利于锻炼学生分析问题、解决问题的能力。这样，学生在了解pH值分析特点时就可以结合数学知识；在了解电化学特点时就可以结合化学常识；在理解胶态物渗析特点时就可以结合生物知识。

（四）任务驱动教学设计注意事项

老师在实施任务安排时，应全面考虑，调动学生的主体能力。同时，任务设计人员还应该关注如下几个方面的事项。

（1）情境性和趣味性。教师在开展实践性教育的同时，应该密切联系理论知识、实践经验等具体的情境进行实施，调动学生的积极性、主动性和创造力。

（2）可操作性。任务的大小要合理，但一定要借助学生的动脑操作来完成，而且困难程度也要适当，如此才可以提高学生的学习成绩。

（3）层次性与综合性。任务设置必须层次分明、组织紧密、逐层深化，教师必须针对每位学生的不同特征，设计不同难度的任务。化学老师在实际的授课过程中，必须多多考察学生，了解他们学习的实际能力，如此才可以更好地设计任务，推动他们的成长提高。

（4）针对性与目的性。任务的设定也务必服务于课程目的，学生在此过程中一定要掌握好自己的学习能力。而化学课程本来就相对抽象，实验较多，如果没有给学生必要的针对性任务和目标，就很难使学生掌握好系统的化学理论知识和能力。

（5）主体性与开放性。任务设置过程应该贯彻以人为本的教学思想，任务活动尽量要接近学生的生活实践，并由他们自己去思考问题，探索实践，为他们个性化成长打下基础。同时，任务应该是开放性的，训练他们运用探究型的手段探索学习的能力。

（6）市场评价性与效益性。任务结束后，化学老师要做出适当的点评，同时总结解题的基本办法，使他们在熟悉这些思想、办法的基础上，思考再创新。

（7）指导性和发展性。虽然任务驱动法是以学生为主体，但是学生本身的知识水平有限，需要教师的辅助，因此，教师也需要给予学生一定的帮助，为他们解疑。另外，必须强调的是，教师应该引导学生加强沟通，共同进步。除此以外，任务也可扩展到课外，引导学生把自己掌握的基础知识运用到自身的日常生活实践当中，克服日常生活中出现的问题，这样不但可以提高对基础知识的理解，对学生今后的生活也十分有益。

六、教学实例——"金属钠"教学设计

（一）课标要求

①经过试验研究，了解钠的主要特征；②感受科学探索的过程，并学习运

用以实践为基础的实验科学研究方式；③认识实验、假设、对比、分析等实验科学研究方式及其对化学探究的重要意义。

（二）学情分析

学生在日常生活中会使用和接触各种金属。学生对金属的性质有了初步的了解，能够利用金属活度序列表来分析和预测金属的性质，掌握金属活度分析的基本程序和方法。具有初步的实验调查技能，体验在化学研究中控制实验条件的作用，能够与同学良好合作，并对科学研究活动感兴趣。

（三）学习目标

（1）知识与技能：了解钠的性质。

（2）过程与方法：①了研究物体特征的基本步骤，并初步掌握研究物体特征的一般具体方法；②学习体会实验的控制机理，是实验方法的核心；③学习运用所学化学理论（如氧化还原反应、离子反应、物质结构理论）对实验现象加以分析、推理与总结，从而提出正确的实验结果。

（3）情感、态度与价值观：①初步的严谨求实的科学态度；②体验通过自我发现而获得成功的喜悦。

（四）重点难点

钠的化学性质（与氧气、水的反应）。

（五）学习用品

钠、蒸馏水、酚酞试剂、镊子、滤纸、玻璃片、小刀、500mL烧杯2个、甘埚、泥三角、三脚架、坩埚钳等每组1套；20mL注射器、铝箔、胶塞等各1套。

（六）教学过程

1. 导入——根据真实事件设计任务

广州珠江航道上，突然惊现神秘"水雷"，六个白色的大铁桶漂浮在水面上，其中三个引发了剧烈爆炸，还有其他三个已被有关单位成功打捞，其中没有人员伤亡。据一位目击者所称，早上十点前后，该航道上忽然涌现出了一道白烟，漂在水面上的另一个铁桶中又窜出亮鲜红的小火苗，紧接着一阵巨响，蘑菇状的大水柱冲天而出。及至中午，这铁桶上又接二连三出现了多次，爆炸后腾出的白烟已有十多米深了。据相关人员检查最后确定，铁桶中内服的是遇水极易爆裂的金属钠。但怎样处理漂浮在水涌中的这几桶金属钠，也变成了摆在我们面前的一道重要课题。而据悉，其中也有一只铁瓶也被过往船只找到了，并已被顺利打捞上船；但当船员们将瓶盖开启时，铁瓶中立随即冒出了浓浓的白烟，一碰瓶中液体，我们的双手就立即产生了剧烈疼痛。之后，他们又将其带到了江边，刚遇水，该瓶就爆裂了，所幸全船人员离开迅速，并没有发现伤亡事故。

这起案件的调查信息既涵盖了化学上关于金属钠的所有信息，也牵扯到了在现实世界中基本情况的剧烈性、风险、复杂性，还有危险化学物质的储存使用以及特殊的处理工艺等诸多方面，所以特别适合于作为连接专业知识与社会实际情况间的纽带和桥梁。引入将化学与现实生活紧密联系，并同时创造化学情境，这样既能够唤醒学生关于钠化学的旧认知，又能够把他们的化学观念引入新的任务上来。

2．教学任务设计

（1）钠的物理性质的教学。

任务一： 在材料中有哪些物质是引发爆炸的因素，其具有什么物理性质？

学生回顾以前所学的知识，并结合实验观察总结出爆炸物金属钠及相关物理性质。这个任务相对比较简单，学生很容易能够得出结论，可采取全体思考，学生代表回答的形式。

（2）钠的化学性质的教学。

任务二： 观察小刀刚刚切完的钠和放置片刻后的颜色和光泽有什么不同？说明了什么？点燃又如何？

带着这些任务，学生进行观察和动手实验。这一问题稍微有些难度，但学生加以分析材料就能得出钠和氧气在不同条件下的不同反应及现象。

任务三： "水雷"为什么会发生爆炸（金属桶为什么会成为"水雷"）？使手感到灼痛的物质是什么？

由课题组人员集体讨论探究问题，并由代表们按照约定的问题说明自己的看法和理由，如果允许其他同学提出问题，由课题组人员回答，但老师也要指导点拨。最后得到了金属钠与水反应产生氢氧化钠和氢气的结果，而爆炸根源则是由储氢材料产生后在气体中点燃而引爆；灼痛感是由于氢氧化钠的强腐蚀性。

任务四：结合钠与水实验有哪些实验现象？各个现象又体现了钠的哪些性质？

这个任务有相当的困难，由各小组讨论并提出自己的看法，其他同学也可提供问题和补充意见，或请老师点拨。最后的小结问题是：浮——压力低；熔——温度低；游——产生空气；响——产生空气；红（水中加酚酞）——产生碱。

（3）钠的保存教学。

任务五：怎样防止五个尚未爆炸的金属桶发生爆炸？

为了合理解决这一棘手的化学问题，学生自然要采用各种学习方法和学习工具，再结合金属钠的化学性质进行探究、讨论，最后形成大致统一的观点。学生能再次认识初中学习过的"爆炸"的概念，并结合身边生活的经验及对化学实验的观察和讨论分享自己的独特见解，又结合钠的性质提出不同的保存方法。

任务六：事故的启示是什么？

这是更为发散的、锻炼思维能力的问题，学生可以根据这节课内容从金属钠性质、保存、灭火等角度发表自己观点，畅所欲言。

（七）课例评析

该课例以真实的事件创设教学情境，引出问题，同时在事件情境中提供线索，这一情境线贯穿整个学习过程，引导学生获取信息，并通过学习任务驱动学生去进行探究。任务设计与情境线呼应，具有一定的层次性和递进性，由物理性质—化学性质（与O_2、H_2O反应）→钠的保存→回应事件情境，提出处理方法→事故的启示，当中突出与"水雷"事件相应的钠的燃烧、钠与水反应的探究，在这个过程中让学生掌握钠的性质，逐步解密"水雷"事件，较好地体现科学探究的过程。在任务五"怎样防止五个尚未爆炸的金属桶发生爆炸"中，回应情境线中的问题并解决，体现了在真实的情境中提出问题、探究问题和解决问题这一与新课程标准要求相符的思路。任务六是一个提升，思考当中的启示既是对知识的整理和运用，又能帮助学生形成有助于学习和发展的思维能力和方法。案例中的不足之处是驱动任务由教师提出，并且指向明确，学生在自主结合情境线进行信息获取、猜测等方面展现不足，可在驱动任务设计上使这些方面更加凸显，如在驱动任务中增加让学生先寻找线索信息，自主进行猜测和自主提出探究方向等活动，再利用案例中所设计的驱动任务进一步引导，也许效果会更好。

第二节　体验式教学模式

《普通高中化学课程标准（实验）》中首次明确了体验性任务，强调"观察""实验""探究""调查""实践""模拟制作"及"设计"等实践课题，同时关注中小学生的直接经验，指导学生对课本内容的自主认知、自我理解，同时关注学生的自我感受和自身思考。所以，体验式教学不仅是学生学习知识的需要，还是学生学习化学的有效手段，能促进学生的成长成才。

一、基本定义

根据《现代汉语词典》，"体验"是指透过试验认知和了解世界。我国的教育学者对体验的含义进行了探讨，主要有以下几种观点。

（1）情感学说：把体验等同于情感。裴娣娜说：体验，是指一种人对欲望、要求的体验。

（2）特殊活动说：苏联学者瓦西留克在《体验心理学》中将"体验"界定为在有威胁性情境中的某种特定的内心行为或内部动作。持此看法的学者们借用了瓦西留克关于体验的定义，把体验活动看作一项特定的行为，而朱小蔓所认为的主动体验理论，正是"特殊活动说"的典型表达。

（3）意识建构说：主要是指学习是一种知识体验生成，体验是意义的建构和生成。张华认为：生命体验立足于精神世界，而意义则立足于人、自然、社会体系和有机整体之间的"存在界"，是为意义的建立、含义的澄明、含义的生成，指引着人们对宇宙的认识与超越。

（4）活动—过程学说：体验是对主体之间的历时性的知、情、意、行活动的经历、体认和检验，它是一种运动，是一个过程，是由生物、心灵、感情和理性、情感和思维、社会和历史等各领域的活动综合交织的全面矛盾运动。

(5) 体验—结果理论：体验既是一个体验行为，又是一个行动的成果。作为一个体验事件，即学生亲身经历的情境并得到一定的认知和体验；作为一个体验的成果，即学生在自身经历中得到的认知成果和体验感受。在目前教育学领域，常用的是活动—结果说。

(6) 场景认知理论：陕师大刘惊铎教授指出，体验是一个场景思维过程。

(7) 生命体验—感悟论：生命感受可表述为，是指人由客观的生命情景所引发而产生的切身感受，包括了由自身的生活状况、自我需要等方面入手，使自我全身心地投入客观情景之中而加以感受的复杂的人生活动过程，它是人类意志活动、情感行动与情感活动、意志运动之间的结合，是人类形成自己人生体验的前提，是人类对人的生存实践规律的探求与反映。

化学体验的教学过程，是将学生在化学课堂上由教师积极营造的化学课堂环境，进而引导学生从主动转化到积极化学的课程环境中，并从中激发起他们学习化学的内心原动力，从而让他们在化学的课堂体验中由被动到积极、由依附到自主，同时学生也在化学体验中学会避免、克服与改变对消极化学现象的热爱之情和错误认识，从而通过开发、体验和运用学生自身对化学积极的思想和热爱之情并养成正确的化学理解能力，使学生更充分地感受蕴含于化学课程中的愉悦与喜悦，从而养成他们与化学同伴之间、老师之间的合作精神与交流能力，并通过学生积极进行化学实践与探究活动，对现实世界中的一些物理化学现象进行深刻反思并作出科学结论，并由此引导学生的自主探究、将化学内化，并由此达到学生真正"说化学、做化学"的教育目的。所以，化学体验式教育的真正意义正是"学生体验式学习化学"与"教师体验式教化学"的互动、相辅相成与促进。

二、模式特征

体验式教学模式的特征主要有以下六个方面。

（一）教学活动的情感性

在化学体验式课程中，有很多新颖好玩、场景逼真的科学实验、事件，不但可以迅速地将学生带入具体环境当中，同时借助各种传感器的互动，对学生的思维、情感也形成强大的影响与刺激，让学生迅速把自己融入其中的问题环境之中。问题情景之间的矛盾碰撞、奇思妙想，在学生心中掀起了层层浪花，从而产生了情感共振，驱使着学生们以自身独特的方法展开分析思维，展开了追问、释疑、探讨等辩论活动。而问题情景的开展极大地激发了学生的情感兴趣，使课堂教学更呈现了情感化特色。

（二）学习过程的建构性

学习过程的建构性，也就是教师在教学过程中并不是一味地灌输知识，而是通过激发学生自己形成的新认知内容。在化学体验式课程的各环节中，以情境创设为起点，他们对新的认识内容进行了加工，并在既有新认识内容的基础上，又发现了新信息，由此既再次建立起了新旧认识的内在联系，又再次构建起了自己的全新认识内涵，从而使化学体验式课堂逐步具备了环境建构的特点。

（三）主动学习，体现主体性

体验式方法与我国本土传统的教学方法最突出的区别就是前者以学生为主导（以学为主），使他们更全面地发展主动精神，对自己的教学过程担负主要职责，并且更实际地成为整个教学过程的主要参与者；注重于学生的积极主动和积极性，通过练习活动可以让他们熟悉知识点，并同时掌握怎样在特定情形下加以运用。由于他们以课程为中心（以教为主），因此把知识点当作整个教学的出发点和归宿，而教师则是以从事"物"的角度去研究这个教学过程，而对于学生则只要求专心听讲，并仔细记好笔记，最注重的就是教师去理解并掌握整个情境。

化学体验式教学帮助学生掌握很重要的一门能力，即自主学习知识的能力。学生在自主学习的过程中，可以从多角度、全方位、多侧面通过发散思维自主地进行猜测、感知、思考，并采用独立的思维方法积极的动眼、动脑、动手，同时利用与同学、教师等交流的形式，逐步掌握化学知识。在教学活动中，教师们不仅要把学生作为一个具有知识的学习者，更重要的是把学生作为一个拥有丰富的内心世界、独立的不屈品质和巨大生命潜能的全新生命体，关心学生、爱护学生、重视学生，通过设置教学情境有利于学生充分、自由发展地参加各种活动，加强学生在课堂教学中的主体地位，让学生的生命潜能与创造精神在丰富多样的活动中得到充分的释放，让课堂活动能够真正地激发学生生命力。

（四）注重过程、活动

体验式教学中，改变了过去学校只注重于学生化学实验成绩的传统教学模式，而更注重让学生通过对学习过程中化学反应活动的体验，即让学生更自由地进入化学反应过程中，去体验化学反应的形成、发展、转变过程，把"化学发现"的权力还给学生，不断地让学生经历"再创造与再发现的过程"，同时指导学生更加积极、自主地研究、积极探索、自主实验，使他们的化学专业素质得到了全面发展。

（五）强调反思，即体悟

体验式教学引导学生对自身的化学观念、化学行为、化学活动加以肯定、反省。尤其强调反省，经过持续反思学习，重新形成自身对问题的认识，并得到在现有知识之外的东西。反思能够有助于他们学会掌握化学，能够使他们的化学知识行为变成有规划、有计划的主动行为，能够将知识变成探究性、研究性的行为，提高他们的技能，增强个人的创新能力；也有助于他们从教学过程中得到个人经验，使自身变得更为完善，促使学生的成长。

（六）学以致用

学以致用是我国教学的一大难点，根源之一是学生极少有利用理论知识攻克现实难题的机会或时间。体验式教学，为学生及时创造出了一种自由运用化学基础知识的空间，让学生顺利地步入生动的运用化学语言与化学思维的状态，也为化学基础知识向能力的过渡提供了宽阔的空间，并创造了简便的操作方法，以促进学生创造力的培养。

三、理论基础

体验式学习是学生学习的一种重要方式，也是十分有效的学习方法。体验式教学是与体验式学习相适应的教学方法。其理论依据主要有以下四种。

（一）建构主义理论

建构主义（constructivism）也叫结构主义，其最早提出者可追溯至瑞士的皮亚杰（J.Piaget）。在20世纪末产生的新建构主义思想，也已开始构成西方高教理论界的主体思想，它们正在世界范围内对教育产生着越来越重要的影响。其重要思想主要体现在其认识观、学习观、教育观三方面。

第一，建构主义的认知论。建构主义论者提出，认知并不是对事实的具体反映，也不是命题的最终答案，它只是一种诠释、一个假设。此外，建构主义者也提出，认知并没有以具体的方式出现在具体个人身上，因为尽管人们都通过其符号赋予了其相应的外在表现方式，但这并不代表着他们都对这些命题具有一致的认知，因为这些认知也可能是由个别人通过他们的经验背景所建构起来，但有赖于在某些特定环境下的认识过程。按照这种思路，教育科学技术是一个关于某些现象的比较可信的假设，而不是解释实际的"模板"，科学知识包含真理性，但不是绝对正确的唯一答案，它只是对现实的一种更可能正确的解释，学生对知识的"接受"也能够借助对其自身的建构而完成。

第二，建构主义的学习理论。建构主义者指出，学习是个人建立自身的价值的过程，它表明了学生是完全自主的，而学生也并非消极的接受者，他需要对外部环境作出积极的决策与处理。认识的价值并非单纯是外界确定的，外界知识本身不是意识，认识是学生与新、旧知识体系之间不断地、双向地互动过程中形成的。而每位学生又以自身固有的知识体系为依据对新的知识加以编码，以此形成自身的认识，同时自身的认识也随着新知识的输入不断产生调整与变化。所以，学习并不是单纯的知识累积，它同时包括由新、旧知识的碰撞所产生的思想转换与结构整合。

第三，建构主义的教学观念。建构主义认为，教育的真正目的并非要学生掌握完全不相关的技能和片段式的学习，而是要学生掌握更全面、深入、能灵活运用的认识，并发展与别人协作、沟通的心态和技巧。所以，建构主义特别重视教育环境的重要性，要求使学生在现实的或相似于现实世界的环境中，探索新事物、解决问题并独立地认识新事情、建立新意义。

建构主义的认知观注重认识的相对化，认识观注重意识过程中学生的自己形成意识的过程，认识观注重创设环境，使学生自己形成意识。由此可知，在化学体验式课堂中所强调的"教师要积极创设情境，学生自主对化学学习过程进行体验，加强同学之间、师生之间合作与交流，并积极参加实践探究活动"正是"建构主义理论"的主体内涵，所以在化学体验式课堂中是非常有必要的内容。

（二）成就动机理论

麦克利兰认为，拥有巨大成就才能的人总是希望把工作做得更加圆满，从而大大地提高工作效率，以便于取得更大的商业成就，而事实上他们真正渴望的则是在取得成功的过程中克服困难、解决问题、努力奋斗的个人幸福，以及在取得成功之后的个人成就，而并不关注于在取得成功之后所带来的物质奖励。而对于他来说，在所有结果可能性均等时，这是一个人可以在自己的努力中感受成功的快乐和满足感的绝佳契机。

由此可知，培育学生非智力要素的一个重要途径就是，持续地带给他们成功的感受，让他们身临其境，永远沐浴在好奇与探索的快乐之中，让他们的知识转变"要我学"为"我要学"，进而形成强大的知识内驱力。

（三）现代学习观

现代认知观指出，对科学知识的掌握与学习是一种选择性学习，是一种实践性学习，是一种社会性学习，是一种创新性学习。此外，现代认知观也关注于阅读方式。人们学会读书的四个特征：①通过阅读，人们能够形成一种对科学知识的感受，并想知道；②通过自学，慢慢形成了自主学习的能力，即会学；③通过学习，慢慢养成了一个比较好的知识结构，即学得好；④能很好的将所学的知识运用在了社会实践中，即会实践。

体验式教学模式非常重视创造环境、调动热情，让学生想学；注重对学生的引导和培养学生积极性，让学生会学、学得更好；注重学生的亲身实践，使学生会使用。由此可见，体验式教学模式的形成是以了解知识和了解现代知识观为基础的。

（四）多元智能理论

在化学体验式教学的过程中，可以或多或少地涉及加德纳所提出的八种智能。所以，让学生把自己获得的体验用汉语准确流利地表达，就能够训练他们用言语思维、用语言表达，并欣赏语言深刻含义的汉字—汉语智慧；让他们运用严谨的研究、合理的计算去获取合理的试验结论，就能够训练他们合理运用数据、测量、方法思考问题与假设，从而完成复杂数学计算的逻辑—数字智能；让学生合理利用构建立方体模型的方式来理解分子结构，可以培养学生合理利用三维的方式实现思维的视觉—空间智能；让学生合理使用试验仪器设备、掌握实验规则、规范实验动作，可以培养学生合理正确的方式控制身体运动并调节人体的身体—动觉智能；让学生通过辨读在实验环境中所出现的音响，确定了实验的时间和内容，从而可以培养学生敏锐地感知声音、韵律、节奏和色彩等的声音—韵律智能；让学生通过分组互助、配合互助，彼此沟通与交流，以培养学生准确地理解他人事物及其与人之间交往的互动–交往关系智能；让学生通过在整个化学实践活动中激发他们的主体能动性，使他们的性格得到张扬，以锻炼学生建立合理的自我认识，并且善于利用这种认知规划并引导学生自主生活的自知—反省智能；让学生通过在个人生活、在社会实际环境中、在大自然中去探究、去求证，或者去质疑学生课本中的化学物质及其在大自然中的存在方法，以锻炼学生通过观察大自然中的不同类型，对事物加以识别与区分，可以洞察天然或人工系统中的自然观察智能。

四、教学流程

体验式教学的主体是学生，其主要的教学手段是让学生深度参与。为了让学生深度参与，体验式教学要做到如下两点：一是符合学生的"需求"，即教师认为学生必须获得的东西；二是诱发学生的"欲求"，即学生自己想要获得的东西。教师组织教学其实是完成这两者的有机统一。

体验式教学的课堂教学的一般过程包括：创设化学体验目标→情景设定，调动学生直觉感受→把化学知识放入设计的情景中，让学生经由交流得到化学认识，形成与发展的感受→强化反应能力，让学生得到应用化学知识的新感受→通过教育过程与学习效果反思，使学生得到反思性感受。

（一）对学生主体、课程标准与学习内容进行分析，创设体验目标

教师确定体验目标必须要从实际出发，主要是要符合学生的实际水平和能力。

首先是基于对学习主体的分类。学生在校内外的社会生活和人际交往中产生的新经历，就形成了他们在教学中形成新体验的基础。所以，老师们需要认真分析学生的现有认识和经历，具体地可以通过学生在学习中犯的错，学生的社会问题，学生的兴趣、喜好，以及学生的行为习惯、性格特点等了解学生的总体情况。在此基础上确定相应的体验目标，从而保证能真正激发学生的体

验。离开了经验基础的教育方法，学生是难以获得快乐的。

其次，体验课程对象的判断必须通过对课程目标与课程内涵的研究。老师必须根据课程目标的设计，通过课程内容的性质以及需要的内容，体现的内容、方式、价值观来确立体验课程的宗旨。课程目标应充分考虑课程结果的广泛性与层次性，使得学生也能有不同意义的感受，真正学有所得。

（二）创设体验情境，激发学生直觉体验

课程中教师应尽量为学生创造观察、反思、活动、体验的环境，特别注意动手操作实验的机会，强调学生的亲身感受。所以，当教学目标确定后，设计一个能够激发学生体验的情境，以使学生在体验中达到教学目标成为体验教学设计的关键。

创设情景的主要目的是激发学生的探究欲望，调动学生的主动性、积极性，调动学生的创造性思维，使化学课堂富有生命和活力。实际教学过程中，老师们要针对特殊的教育课题和学生实践，通过科学利用实景展示、电影效果展示、多媒体模拟等技术手段创造情景，并通过情景的直观性、形象具体，对他们的认知世界形成巨大的情感影响，使学生进入他们的认知世界中，并通过体验认知背景、知识结构和认知运用的过程，让他们形成一个不自我意识的、情感不安定的情感感受，而这个感受又能使学生在不知不觉中触动自己的情感之弦，从而引发与学生的认知冲突。

1. 创设体验情境的主要方式

1）贴近学生生活，创设体验环境

（1）利用实验事实。在我们的社会生活中处处存在着化学知识，这意味着自然现象、生产实践、社会生活等都可以为课堂教学提供各种丰富的探究素材。例如，一些食品盒中通常有小包脱氧剂，教师可通过这一常见的生活场景，引导学生去进行颜色观察，探究脱氧剂所含成分。根据脱氧机理与特点大胆推测和假说，展开试验研究。将脱氧剂中的小部分粉末依次置于酸、碱、水，观察后得出有铁泡沫的冒出，接着倒入硫氰化钾水溶液，发现颜色逐渐转红，表示有铁离子的出现。由此，逐渐使我们可以得出结论：脱氧剂粉末中含有铁粉。这样，把教学内容设计为探究实验，不但激发了学生兴趣，还提高了他们分析与解决问题的能力。利用实验事实，联系生活，让学生通过实验探究与亲身体验，为自主学习打下基础。

（2）联系生活中的化学。在化学体验式教学中，教师应从生活切入，创设化学学习体验环境，让学生体会到化学知识在生活中的重要性，帮助学生通过化学学习领悟生活，解决生活实际问题。在一般日常生活中的"氧化还原反应"：蓄电池、干电池以及高能电池等都必须完成氧化还原反应，不然就不会使化学能转变成电能，或者将电能变为了化学能；哺乳动物利用呼吸，把葡萄糖氧化成水和超临界二氧化碳，将食物中的能量变为化学能，进而变成哺乳动物进行合成代谢、机械运动、维持身体平衡重量等所需要能量。正是由于这样，通过所了解的科学知识背景，学生会产生强烈的科学探究兴趣，从而产生学习动机。

又如讲解"塑料"时，教师可以让学生收集身边的塑料制品，然后让学生对比分析所带塑料的成分、生产过程，不同塑料的鉴别及白色污染的防治等。这节课就是让学生通过感性的体验，进而产生各种理性的思考，培养学生的问题意识。这种由实际应用创设的体验情境，最能激发学生的求知欲，学生会感到化学就在身边，化学是有用的，对接下来的学习也将充满兴趣。

（3）联系社会、新闻中的化学。实践表明，若想提高学习的有效性，应将所学内容与其形成、运用的社会与自然场景相联系，这样才能更好地进行知识的正迁移与再应用。通过真实场景而获取的知识与技能，才更益于学生理解与掌握，并提高其解决实际生活问题的能力。在教学中，教师引入已发生的新闻事实是一种有效的学习体验方式，如引入屠呦呦将青蒿素用于抗疟获得2015年诺贝尔奖，让学生探究青蒿素的组成、化学式和化学性质等。

2）通过实验制作与操作，创设体验环境

（1）实验制作。在化学课程中，学生的动手技能也是化学课程中的一个重要环节。在动手操作过程中，让学生们更深入地体验化学，并感受化学的魅力。在化学体验式教学中，教师应鼓励与引导学生利用身边的一些废旧物品等材料进行科学小制作，从而加强他们的亲身体验，提高操作技能。在教学中，实验制作有多样方式，如自制实验多用滴管、简单的化学工艺品、微型实验仪器等。学生通过实验制作，有更真实而丰富的体验，从而加深对知识的理解，提高资源利用意识。

（2）化学实验。通过化学实验，不但让学生获得正确的实验结果，最重要的是让学生在实验中体验实验结果的探索与获得过程。学生只有通过亲身体验，才能更深刻地理解科学，理解化学实验，掌握科学的学习方法，形成科学的情感态度与价值观。因此，在教学中，教师应留足学生实验的时间与空间，使学生可以充分交流与讨论。

如"过氧化钠与水的反应"探究实验，学生的实验：①把带荧火的树条延伸到管上，让树条复燃；②把酚酞溶液滴入试管中，试管内溶液变红；③碰到试管的底部，感应到试管内空气发热等。通过实验体验，学生加深了对"过氧化钠与水的反应"的理解与掌握。

再如在《浓硫酸的性质》一课中，在红铜和浓硫酸反应的实验中，通过创设试验环境，使学生对二氧化硫的化学特性以及氧化还原反应、漂白机理等方面，能有较全面的、总结性的了解，从而训练学生实验设计、试验评定等能力。

3）设计悬念情境，引导学生自主探究

例如，在原电池的教学中，学生已有的知识是活泼金属锌能与稀硫酸反应产生氢气，而不活泼金属铜不能与稀硫酸反应生成氢气。在本节课中将铜锌上端连接，下端插入稀硫酸中却发现锌表面没现象，而铜的表面有气泡产生，据此设置问题：为什么气泡会在铜这种不活泼的金属表面产生，能通过实验来分析解释其原因吗？通过这样的情境创设，引导学生自主探究。

4）加强合作与交流，创设体验环境

在化学体验式课程上，老师们不仅要培育学生自主学习意识，还要增进与老师、学生之间的协作和沟通。通过团队合作，学生可以主动进行思考，发表自己的看法，不但可以活跃课堂学习氛围，还能充分提升他们的认知能力。

例如教学"酸雨"这一课后，学生已初步理解与掌握了酸雨的出现可以是空气中的二氧化硫引起的，教师则可进一步引导学生：酸雨对动植物以及文物有极大的破坏作用，应如何减少酸雨？要求学生课后通过网络或调查等方式搜集资料来尝试解决这一问题。经过这样的探究，不仅有助于他们提高认知能力，而且培养了学生的综合意识。

2. 创设情境的原则

1）情境应具有时代性

在创造情境过程中，不要总是停留在过去或曾用过的情境，因为现代科技是要不断创新的，要做到与时俱进。

所以，在人教版必修之1"钠及其化合物"的学习过程中，教师经常以这样的情境引出对过氧化钠的学习："在潜水艇下潜时，是用什么方法来为工作人员提供氧气的？"但在实际上，现代核动力潜水艇主要使用电解水法（碱性电解质或固体聚合物电解质），而常规潜艇大多采用液氧供氧、氯酸钠分解供氧（氧烛供氧）、过氧化物供氧等，发达国家（如美国、英国、法国等）的常规潜艇也通常都使用氧烛供氧法。可见，用过氧化钠、过氧化物供氧等只是上述方法中的一种，同时应用的范围也在日益减少。所以，在提供这样的新设备条件中，也应该注意技术水平的提升，要体现时代精神。

2）情境应具有生活性

化学源于生活，而化学知识又贯穿于实际生活的各个领域，因此化学生活正是学生的最佳课堂。

因此，当老师们在讲述人教版必修1"铁的化合物"时，可设计这样的情境："许多同学都有这样的生活经验，削皮后的苹果放置一段时间后颜色会改变，其中蕴含着怎样的奥秘呢？"并由此展开了大量关于科学知识的探究性教育。

他们经过大量的研究实践，对 Fe_{2+} 和 Fe_{3+} 的交叉转换问题认识得深刻，同时深切体会了化学反应理论和日常生活的密切联系。

3．创设情境的途径

教师应把学生放在化学创造的情景之中，并引导学生开展交往与活动，使学生得到对化学探索、化学知识生成和发展的新体验。

（1）化学活动是"化学＋活动"。学校一直坚持将班级变成学生学习活动的主要场地，通过组织化学习生活，激发学生创造力。《化学课程标准》也明确指出："让学生经历对化学物质及其变化进行探究的过程。"新教材很多内容的编排设计都是通过学生的活动来完成的，使学生"在玩中学""在做中学"，从而达到"做化学"这一目标。例如，人教版必修2中"甲烷的分子结构"，通过剪纸条和折纸条这一活动，让学生充分认识甲烷为正四面体这一空间构型。新课程强调了在课堂中教和学的双方可以彼此交流、互动，和老师与学习的学生双方可以相互交流、双方彼此启发、双方互相互动，而在此互动中教师与学生双方就可以共享到了双方的情感、体验与思考，并以此丰富了课堂内容，进而获得了新的理解，从而达到了认识、共享、共进，从而实现了教师教学相长和与学生的共同成长。

（2）活动是实施体验教学必不可少，甚至是难以替代的重要途径。化学活动最主要的方式是课堂活动。通过活动，学生才容易在体验中感悟。一堂化学课，如果老师说的多，但他们只有一位听众，他们很可能没有一个亲身实践的过程，他们的主体作用就无法显现出来。

化学活动课要以化学思想培养为基础，以活动为主体方式，以化学知识的运用为先，注重学生解决化学问题方式的多元化、主动性、自主性，使学生通过在化学实际活动中，观察、操作、探究、讨论、推理、综合、分类和总结的活动，逐步培养认识化学问题的主体意识、逐步建立化学知识基础、得出化学结果和化学知识的运用技巧，从而逐渐培育他们的创造力，逐步建立初步的探究问题和解决问题的意识，在这样的化学学科课堂教学中最能反映他们知识的主动性和创造力，它和新的教育理念中所提倡的自由、探究、协作的教学方法是完全一致的。

（三）强化反馈，引导学生获得应用化学知识的体验

所谓的反馈，亦就是学生在释疑以后，通过进行探索、总结、比较、反思、再总结的方法，将所了解的化学中新知识点与相应的旧知识点联系起来，在完成了研究对比以后，将所认识到化学中的新知识点由"懂"到"会"，从而揭示化学知识间的内在联系，对所学知识进行进一步的强化，以达到对所学化学知识融会贯通的目的，能够举一反三，提高学生分析解决问题的能力，达到对所学知识由"会"提升到"悟"。

指导学生掌握应用化学知识的方法重点主要包括以下方面：一是情感心理层面的认识与调适，认识到应用化学知识的最终目的便是利用已掌握的知识与技术解决现实世界上的所有问题；二是指导学生开展丰富多彩的社区实践活动，并尽可能地多为学生们提供空间。例如，在认识氮的氧化物的环境危害问题时，建议首先让学生观看一部电视录像片——氮的化合物所造成的触目惊心的环境危害，再指导学生在以下课题中进行探索与精神认识：①车光化学烟雾中的主要化学物质，产生的原理，对人们健康的危害，汽车治理环境污染的主要方法；②从汽车中排放的汽车尾气和硫的氧化物与环境污染之间的相互关系，及汽车行业今后的发展方向；③城市空气质量预报、环境监测，对相关企业单位和人们的生活质量有哪些影响；④采用科学实验的方法，对全市的所有区域进行室内空气质量取样，做实验分析本地的大气环境状况后，写一份城市

空气质量预报报告；⑤根据电视节目上的每日城市空气质量预测结果，对本地的所有区域进行口头报告。

五、教学实例——《元素周期律》（第一课时）教学设计

（一）教学目标

1. 知识与技能

①使我们更深入地认识原子核外电子排布、元素的零点五径变化，以及元素和主要物质之间的周期性变化；②认识元素物质的周期性转化规律，是由元素原子核外电子排布周期性转化的结果，从而了解元素周期律的实质。

2. 过程与方法

从研究原子核外电子排布、分子的零点五径范围以及一个主要化合物的循环转变历程中，训练学生通过观察、数据分析、归纳概括的技能，最终学会通过事实和数据分析、归纳规律、通过表象看实质的科学研究手段。

3. 情感态度与价值观

通过设计门捷列夫发现周期律的事件模拟活动，引导学生追踪化学发展的轨迹。

（二）重点难点

原子核外电子排布、原子半径和元素主要化合价的周期性规律。

（三）教学方法

体验式教学。

（四）教学过程

1. 情境设置，激发学生直觉体验

教师活动：在上课前几分钟利用投影滚动观看门捷列夫的生平事迹和有关的历史内容。

学生活动：对门捷列夫的功绩有初步了解，获取情感体验。

教师活动：引入新课介绍门捷列夫。课前引入：他的最大功绩是什么？（学生答：发现了元素周期律）本节课我们就让时光倒流，一起追踪一下化学

发展的轨迹，像科学家门捷列夫一样去发现元素周期律。（引出课题"第二节 元素周期律"）

学生活动：了解本节课的教学内容。

课堂内容：课中引入：接下来，我们以核电荷数为 1 到 18 的元素数为实例，从物质的核外电子排布、分子的零点五径范围以及主要化合物的角度来展开研究。为计算方便，人们将不同的元素按照原子核电荷数从小到大的次序对它们加以编码，而这个数字就称为原子序数。很显然，原子序数在数值上是和这些原子的核心电荷数相当的。

学生活动：听讲，记忆。

教师活动：板书：原子序数 = 核电荷数 = 质子数。

学生活动：掌握原子序数的定义，为后面的发现做准备。

2. 将学生置于创设的情境中

教师活动：给每两位同学发一组卡片，上面给出 1～18 号元素的名称、元素符号、原子序数、核外电子排布、原子半径（稀有气体原子除外）和主要化合价。将同学分成 2 人一组，限定时间 20 分钟，请同学们根据所提供的信息，做出合理的排列，并寻找其规律。

教学内容：将学生分组，分发教具，提出时间及纪律要求。

学生活动：观察，思考，交流，归纳其规律。

3. 引导学生经交流获得化学发现、化学知识形成与发展的体验

教师活动：提问：横向怎么排，纵向怎么排？排列的依据是什么？氦元素排在哪里更合理？为什么？1～18 号元素原子的最外层电子数的变化有何规律？（引导学生去交流发现）

学生活动：交流，感知自悟。

教师活动：指导学生展示交流发现的结果，请学生把发现的规律写在纸上，投影展示给大家。（引导学生发现规律并展示）

学生活动：成果展示。

学生发现的具体内容有：①根据电子层数相同分成 3 组；②最外层电子数由 1 增至 8；③元素名称从金字旁到石字旁然后是气字头，说明金属性减弱、非金属性增强；④原子半径逐渐减小；⑤化合价与最外层电子数有关，O 与 F 特殊。

4. 小结

小结：①由于原子序数的递增，元素中的外电子排布也发生了周期性变

化。②随着原子序数的递增，元素分子零点五径都发生着周期性变化。③主族元素中，元素的最高正价＝最外层电子数，负价＝最外层电子数 –8。但F、O比较特殊，稀有气体也较特殊。④金属的化合物由于原子序数的递增，而发生了周期性变化。⑤元素的化学性质也因为原子序数的递增，而发生着周期性的变化。

学生活动：进一步归纳理解元素周期律，获得成功体验。

教师活动：总结：这节课我们探索了元素周期律，还发现了元素的金属性、非金属性也是随着原子序数的递增呈周期性变化，是不是这样呢？这个问题，下节课我们通过实验来验证。

学生活动：理解消化本节课内容。

5．强化反馈，让学生获得应用化学知识的体验

教师为学生设计练习。练习题设计示例如下。

（1）下列粒子半径r之比大于1的是（　　　）。

A. $r(Na)/r(K)$　　B. $r(Ca)/r(Mg)$　　C. $r(P)/r(S)$　　D. $r(Cl)/r(P)$

（2）在1～18号元素中，如某元素气态氢化物为H_nR，其最高价氧化物水化物分子中含m个氧原子，则其最高价氧化物水化物化学式为（　　　）。

6．课后反思，使学生获得反思性体验

教师活动：教学效果反思。

学生活动：学习情况反思。

第三节　生本理念教学模式

郭思乐教师《教育走向生本》一书中首次阐述了一种全新的"师本"教学理念，即"一切为学生，高度关爱学习，全面依靠学习"，以此来改变传统以"师本"为基础的学习模式，让学习变得真正有意义。这一理念在化学的教学中尤其值得应用。作为一个理科科目，在学习的时候更加应该注重的是学生的思考能力、研究能力，而不是单纯的死记硬背式的接受式学习和机械式的题海战术。在化学课堂上，应该培养学生的动手技能、实验技能，从学习过程中总结自己的知识，在实践中掌握新的知识。

一、基本定义

生本理念教育是以人为本，以激扬灵魂为目标的、提升学生好学而设置的基础教育。教育教学的基础是知识，教师的意义与作用在于最大限度地充分调动学生的主动性，引导他们积极学习。生本教育现已在广东、港澳等地区的不少中学实施了，而且也获得了不错的效益，是当今我国最具活力的教育方式之一。

生本课堂的核心是把课堂主动权交给学生，并以获得学习机会和获取结果的过程作为训练场，让他们在自主建构和自由发展中培养能力，以便解决更复杂的问题。在"以学定教"的备课中，我们致力于为学生们创造一个有利的学习氛围，让他们能够轻松愉快地学习，并且能够掌握所需的知识；在教学中，我们鼓励学生们离开教室，把空间留给他们；在活动中，我们强调学生的发展，而不是仅仅停留在知识的学习上，只有学生自身的发展，才能真正掌握新的知识。

二、理论依据

生本理念教学模式的理论依据主要有以下三种。

（一）建构主义学习理论

建构主义在前文已有论述，此处不再赘述。人本教学模式是在重视学生的认知主体作用前提下，同时强调教师转变自身的角色，不再作为知识内容的解释者、讲解者，而是要成为在学生意义建构阶段的帮助者和促进者，在帮助学生学习过程中，为他们提供了良好的学习条件，同时提供必要的学习资料，在进行探究合作的过程上，还需要学生能够独立地学习、自主地掌握知识。

（二）人本主义学习理论

马斯洛和罗杰斯于20世纪50年代开创了人本主义学习理论。这个理论的主要观点由学生观和教师观两部分组成。

学生观提出，学生是具备各种能力的活生生的"人"，他们有思想、有情感、有需求。在学习过程中，学生是学习活动的主体。学生学习知识，是由自发的好奇和兴奋引发，是发自内心的对自己的要求，而并非在老师的强迫下完成。认知行为应当由学生本身对认知的需求、欲望入手，并由学生对日常生活中具体问题的认识行为驱动的。学生在学习过程中的体验和感受至关重要，这种体验是思维和各种感觉相结合所产生的一种综合效应。

教师观指出，教师的主要工作不是为了引导学生如何学习，而是通过为他们提供丰富的知识信息，共同创造一种激励他们的环境，从而指导他们自己如何学习，让学生最大限度地发挥自己的潜能，而不仅仅作为课堂知识的传授者和解惑者。教师应该尊重学生，信任学生，并关注他们的集体能力，将他们看作在班级内平等的合作者、教育与自我教育活动的积极参加者，相信他们的集体能力，并给予他们自由学习、自我管理的时间。

（三）儿童中心论理论

杜威提出"儿童中心论"的教育理论，他认为教育应该把学生作为主体，而不应该把重心放在教师和教材上。

其见解主要有如下四点。

1. 教学要重视儿童兴趣爱好

"生本教育"倡导通过鼓励学生培养自己的兴趣爱好，具备探索精神，以及根据他们的特点，积极参加有意义的社交互动，以便他们能够更深入地了解周围的环境，从而更好地适应"兴趣"与"训练"之间的联系。"兴趣"将为未来的发展提供强大的支持，因此，我们应该鼓励学生树立明确的目标，激发其内心的热忱，使其变得更具活力。因此，我们应该把兴趣作为最基本的素质，从接触化学开始引导，使其发挥出最大的潜力，从而达到最佳的效果。此外，我们还应该给予学生们充足的训练，使其具备足够的技巧，从而达到最佳的效果，这样，学生的"兴趣"将为其未来的发展提供强大的支持。但如果学生只是一味地注重训练，进而忽略了对于兴趣的培养，长此以往只能变成知识的机械灌输，久而久之许多学生将学习看作一种负担。

2. 教育应符合儿童能力发展

"儿童中心论"是杜威提出的，作为一种教育理论，其宗旨是提升学生的，并且以提升他们各种潜在能力为最终目标。因此，我们必须把教育的初衷、归宿点以及实现方法结合起来，以便更好地满足学生成长的需求。同时，我们也必须根据学生的特殊情况，创造有利条件，以便更好地促进学生个性健康成长，并且给予学生更加丰富多彩的体验，以便让学生得到充分的机会，实现自我价值最大化。若采取一种更加灵活的方式，以多元的方式激发和发展学生的潜能，而不仅仅局限于传统的单一模式，让每一位学生都可以发挥自己的独特才华，从而获得更大的成就。

3. 师生互动共同成长

"生本教育"鼓励学生们通过在课堂上进行有效的沟通和互动，发挥自己的潜能，从而实现学生是课堂的"主角"的目标。杜威指出，过去的教育方法过于依赖于老师的指导，而忽略了学生的参与的重要作用。杜威强调，教学过程的核心就是让每个人都能够自发地参与到课堂上来，老师则扮演着辅佐的角色，给予每个人充分的支持，以及有效的引领。

4. 课程与教材选取要符合学生的需要

在课程、教材的选择上，杜威提出两个论点——一个是课程为教材具备相关性，另一个是学习内容的选择应顺应学生发展需要。常规教学存在这样的弊端：老师讲授其知识系统时，儿童不但毫无兴趣可言，而且也未能完整把握；学术性和专业性原本就有着密切关联，却因为隔阂而成为零散的碎片，造成他们对某类知识无法理解。所以，杜威主张必须强化各学科之间的关系，突破专业界线。

三、教学模式

生本类课堂是指将学生们作为主体，使学生积极、独立地学习的地方。化学生本教学模式如图4-1所示。

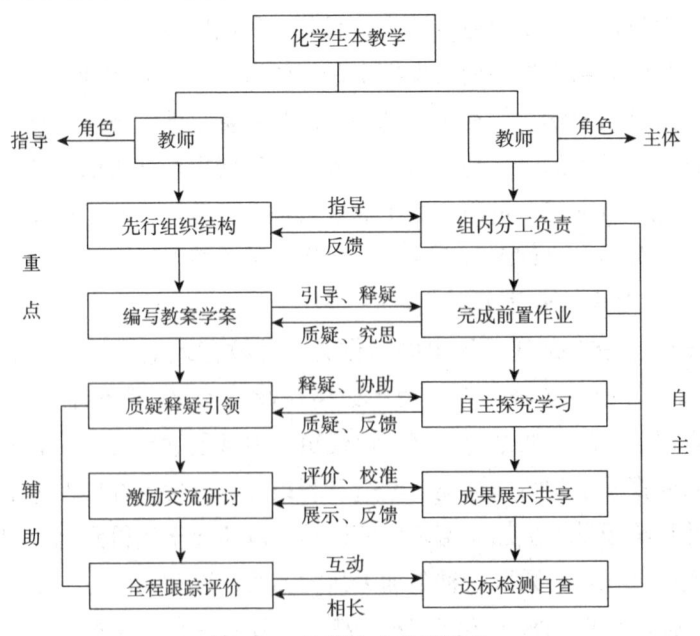

图4-1 化学生本教学模式

从上可知，要构建生本课堂，首先要改变教师的教学行为，教师的主要角色为课堂的组织者和学生学习的引导者。学生主动参与课堂学习，积极参与课堂教学的各个环节，通过不断探究、讨论、分析和评价，获得新知识，真正从"学会"转变为"会学"。具体表现形态为"四突出""四转变"和"四个基本程序"。

（一）四突出

（1）突出学生：充分利用生本主体地位，彻底转变老师是主讲人、学生只是听众的局势。

（2）突出思考：在教育过程中，我们应该让学生思考、提问和探究。

（3）突出合作：全班分为几个组，每小组四到六个人，无论备课、上课前预习还是课堂实践，每位同学均应该以组为单位履行其应负责的部分。

（4）突出探索：通过自主学习和探索，我们强调培养学生的技能和方法。

（二）四转变

（1）变教师灌输式的"教"为学生自主性的"学"，使学生重新得到学习动力。

（2）转变"听懂了"为"学懂了""会学了"，让孩子更了解学习方式。

（3）转变"他律"为"自律"，让学生获得信心、尊重，并激活自身的学习潜力。

（4）变"看懂了"为"自行设计"，使学生掌握学化学的学习方法，培养科学探究精神。

（三）四个基本程序

采用生本理念的教学模式，其基本步骤包括：预习、小组讨论、班级汇报和拓展学习。

1. 在学习之前，学生应该先进行预习

"低入—多做—深思—高出"的设计理念指导我们如何安排有效的前置式作业，这些作业既有固定的数量，又具有很大的灵活性。这样，我们就能够更好地激发孩子们的学习兴趣。

（1）起步较低，具备极强的基础性。

（2）多做：人人可做，人人多做。

（3）深思：通过孩子自学，将学习根植在心中，培养他们的智力。

（4）高出：例题自己做，难题自己想。

2．小组交流

4～6人一起组成一个小组，我们不再按照传统的教学方法解释课本上的内容，而是提出有深度的问题，让大家一起探讨，以促进彼此的交流。

3．班级汇报

沟通方法上也是更加灵活多变与多元，但是一定要每个人都参加。既要同学及小组代表们之间进行交流，还要校园及学生、校长与老师进行交流。由于老师在聆听的基础上会加以引导及帮助，使得学生在思维里产生碰撞的火花，使得学生的思维火种熊熊燃起。

4．延伸拓展

师生之间进行合作，外延扩展，广度探索。在课堂上，老师们要尽量做到"学生会的不教、不会的教他们怎么学""汇报、质疑、讨论常规化""先学后教、以学定教"。

（四）注意要点

1．课前

（1）首先需要进行前置性预习，主要是根据新课程标准，根据教科书上面的教学内容，根据学生本身的学习情况进行教案的设计。

（2）选择担负主体任务或者带队的研究团队，必要时先培养带队学生。需要采用先进的教育思维方式，而不能束缚教师，教师要时刻牢记主导者这一重要角色，做一名出色的帮扶者、指路人。

（3）通过分析和思考，我们可以发掘并有效地处理可能遇到的挑战。即使遇到了一些棘手的问题，我们仍然可以继续努力，从而进入一个全面的学习过程。

（4）预想引导孩子进一步思维的切入点可以多一些，这样在课堂教学中根据具体情况随机应变。

（5）提供学习应用及能力评估所需的问题，设置若干可激励学生积极参加的技能开发评估课程。

2．课中

（1）听取探究小组解释思想方法，考察提问促进同学的积极性，认真做好记录，做出评价。批改应做到及时有效，否则不能准确地给学员回馈呈现思路的好与坏。

（2）在知识方面出现认知错误、遗漏点、理解不到位、界定模糊等情况时，应及时安排学生开展讨论。

（3）促进生生之间、组织之间共同评价。评估以赞美为首，但是也要提出不足，让他们体会到成功，同时体验到挫折，这对于生命发展是至关重要的一步。

3．课后

（1）思考、组织、记载社会主义教育活动的情况。对于教学上争执不下的几个现象要查找数据以探索方法。

（2）要求学生整理学习笔记，并及时记录疑难问题。

（3）准备并练习应用专题培训材料，回答学生的疑问或单独训练学生来主讲问题。

四、教学设计

（一）教学设计原则

1．师生关系民主和谐

传统课堂重"师道尊严"与"教师权威"，在师生间人际交往方面存在一些偏正且专制之风，这些都不利于学生们个性的成长和智力的发育。构建民主和谐的师生交往关系，即把民主融入课堂，全体师生平等对待，师生们一起投入、共同努力并各司其职。具体表现在以下几个方面。①教师应该积极主动地为学生提供一种民主透明、简洁愉悦的课堂气氛，使学生从精神层面上得到安全感保障，使他们不会彻底迷恋于书籍，也不会彻底相信知识，并勇敢地进行提问，因而产生了一种班级中真正意义上的参与者关系。②老师应该重视每一个孩子的兴趣爱好，不断调动起他们的学习积极性，从而增强对孩子的兴趣水平。③重视每一个孩子的个性和素质。给每个孩子同等的关心与信赖，师生间之间以及生生间建立起一种友好的互相关心的新型师生关系。④学生活动一般包含班级、互动以及研究多种形态，教师应当给每个学生参与互动的权利，要激励学生们更加大胆地去想问题，并且让老师们可以更加全面地与他们交流，可以更加完整地表达出他们的观点以及想法，就算他们做错事情，老师们也应当包容并且原谅。不可以强行将自身的观点或者将书上的结果强加于学生们，教师更需要自行理解学生的观点和思想。如此民主和谐的课堂氛围，学生们心情舒畅，自然而然地学习得放松、愉快。

2. 重视思维发展过程

化工教学应当注重化学思想方法发展，化工思维往往存在于原理以及成型进程中，同时又体现于解题思路上。化工教学不仅需要关注知识性生成，还要体现出化工思想方法的过程。当前高中化学课堂教学依旧有照本宣科、套题之嫌，面对高考这样的压力性考核，简单地一遍遍地训练一些典型例题就能拿到分数，实际上只能使学生们学会硬背，掌握之处既浅显又易混淆忘记，学生们完全没有自主思考的能力。

"授人以鱼不如授人以渔"旨在通过深入的学习和讨论，使学生能够更好地了解和把握"授人以鱼不如说授人以渔"的内容，并运用它来解答现代社会的复杂性提问。因此，"授人以鱼不如说授人以渔"的学习旨在培养学生的学习兴趣，提升学生的学习能力，并且鼓励学生去发现和解答现代社会的复杂现象。为了让学生更好地掌握知识，老师平时要多提供时间与机会，让他们有勇气去表达，勇敢提出自己的观点，并且要敢于揭穿其中的缺陷，最终老师要根据自己的认知，将知识精准地传达给每一位学生。当我们要求我们回答一道推理提问时，应该寻找一个合适的出发点。同样地，当我们要求我们回答一道有关金属和氧化性酸的提问时，我们应该使用一些特定的方法和思维。老师应该指出，一是该题考查了什么知识点，二是该题考查了什么题型，三是用什么方法解答该类题型。接着，老师会根据学生的回答，解决他们的问题，同时鼓励他们表达想法，这样就能够慢慢地提高他们的化学思考能力。在日常的课堂活动中，教师应该注重如下三点要求。

第一，在教学中，教师应该充分展示基本概念的形成、发展历程，并解释它们的出处和必要性；此外，还应该把新的概念融入已有的知识结构中，使之更加完整、全面。通过学习物质的量，学生们可以更加清楚地了解到它的重要性，并且能够应用于解决实际问题，从而获得更多的好处。此外，学习物质的量浓度也会与原有的质量分数产生密切的联系。

第二，在元素化合物教学中，教师应该充分利用各种情境，如创设情境、利用生活中的实例、实验演示等,让学生在实验中观察、思考,深入理解物质的性质,并运用猜想、推导、验证的方法,体验探究的乐趣,从而更好地掌握元素化合物的知识。

第三,为了让学生能够更好地理解和掌握问题,我们应该让他们有机会进行全面的思考。我们发现,有时候,当他们面对新的问题时,他们可能感觉头脑空空,但是如果老师能够给他们提供有效的指导,他们的思维可能会得以拓宽。为了应对这样的情形,老师们应当努力提升自己,他们应当把握住每个细节,仔细研究问题,深刻挖掘其背后所隐藏的知识;他们应当把握住每个细节,进行多方面的思考,以及当在分析中遇到困难时,采取有效的教学方法,以达成最终问题的解答。当老师面临一道难题时,应该让学生通过独立的方式进行探究,并将其中的结论和想法与老师的指导相结合,从而帮助学生更好地掌握知识。

3. 尊重差异、因材施教

每个学生都是独立的个体,都处在不同的年龄段和背景之中,这些特征可以为他们提供不同的发展空间,但无论他们的特质如何,他们的潜质和才华仍然可以被发掘。根据多元智能理论,每一个学生都可以发挥自己的潜质,并且可以通过自己的努力取得更大的进步。若以"一刀切"作为衡量标准,将会给所有的学生划分出不同的水平,从而形成不平衡的状况。因此,作为高中的老师,应该以包容和赞许的心态来看待各种不同的学生,以更加精细的方式来引领和帮助他们,让他们获得更多的成功,进而具备更大的潜力。

(二)生本理念教学模式的高中化学教学设计策略

事实上,最重要的不是学生是否具备积极性,而是他们在学习过程中所追求的目标,因为学校不仅要提供课程,更要将重要的知识传授给他们,使他们能够在学习过程中发挥出自己的作用,采用生本教育的方法来提高化学课堂教学的效果。

第一,我们需要摒弃"师本"的教育模式,转向现代化的教育方式,认为学生才是真正的学生,而且具有自由思维的潜质。因此,我们教师需要充分肯定、支持、鼓励学生的自由发展,而不仅仅局限于课堂上的灌输。通过建立一种充满活力、公正、开放、包容的环境,让每一位学生都有机会发表观点,勇于挑战,勇于探索,勇于尝试,将所掌握知识付诸实际,"学会"和"会学"

都应该被视为重点，而非唯一的目标。

第二，通过采取多种教学方法，我们可以让学生通过自主探究和合作，来理解和应用新的课程内容。这样，我们就可以让学生通过自主探究和合作，把理论和实践结合，让他们能够真正理解和应用这些概念。这样，我们就可以为学生提供一个充满乐趣的学习氛围，让他们能够真正地理解和应用这些概念。结合实际的课程内容具有一定的挑战性，因此，老师们必须谨慎地安排结合实际中的练习，以确保练习具备一定的梯度性，以便帮助学生培养出自主探究的能力。同时，老师们还必须确保练习的内容不会过于复杂，以免引发学生的恐惧感和自卑感。通过课堂探究、实践操作、反思总结等方式，鼓励学生思考、探究，以及勇于挑战，以此来增强他们的思维能力。课后，可以让他们把所掌握的知识运用到实际的社会实践之中，比如参加各类课外实践，以及参加有益的课外社团，以此来更好地激励他们的学习热情。

第三，鉴于"整体—局部—整体"的非线性认知进化过程和教科书中编写的逻辑顺序存在矛盾，为了能够真正适用于学生，需要对课程进行整合，并重新设计教材。这样就可以将学科的知识点融入到学生的生活中，从而打破传统的阶梯式、线性的安排方式。例如，人教版选修4《化学反应原理》第二章《化学反应速率和化学平衡》编排的知识逻辑顺序是：①化学反应速率；②影响化学反应速率的因素；③化学平衡；④化学反应进行的方向。第三章《水溶液中的离子平衡》编排的知识逻辑顺序是：①弱电解质的电离；②水的电离和溶液的酸碱性；③盐类的水解；④难溶电解质的溶解平衡。而化学平衡移动原理是这两章的核心，它贯穿这两章的全部。通过学习第二章的化学平衡转移的基本原理，我们可以更好地应用到第三章的弱电解液、盐类和难溶性电解质的溶解均衡，从而更好地理解化学反应的机制。通过对重要问题的深入理解，学生们可以更好地掌握后续的知识，从而有更大的收获。经过系统的课程整合和教学重构，能够更好地满足学生的需求，并且能够激发他们的积极性，从而促进他们的自主学习。

为了让中学生更好地理解化学，我们应该在确保安全的前提条件下，尽可能地开设试验室，让中学生们有机会进行自己工程设计、实践和验证，从而让他们更加深刻地感受到化学的魅力。运用亲历实验能够保留学生与生俱来的强烈好奇心和求知欲。通过一个有趣的实验，我们可以更好地理解稀硝酸的强氧化特征。首先，我们需要把一只试管里的稀硝酸水溶液放入一个容器，并滴几滴石蕊试液。当溶液变得红润时，我们可以把它分为两份。接着，我们可以把一份放入一个容器，并放到一个热的环境下，让它的颜色迅速改变。然后，学生可以探究溶液中褪去的原因，并应用化学实验证明。通过使用化学实验，教师能够迅速引导学生深入探究化学的核心概念，并鼓励他们积极思考、设计实验、进行验证，最终达成一致的结论。教师们指出，影响溶液颜色的主要因素有：硝酸的挥发、硝镪的分解、稀硝酸的强氧化性质等。为此，学生提出了一种新的实验方案：在溶液中加入适量的稀硝酸，如果溶液的颜色发生变化，则可以确定是由于硝镪水的水解作用，从而使溶液的颜色重新恢复到红色；反之，如果溶液的颜色仍然保持不变，则可以确定是由于稀硝酸的强氧化性质造成的。而他们在进行了实验证明以后，所得出的结果即是后者。

实验需要学生亲自动手去探究，前置的探究过程不仅可以帮助学生深入思考和分析原问题，还可以帮助他们选择合适的实验手段，从而更好地进行实践练习。此外，以原问题为导向的探索活动，不仅可以为学生提供有价值的信息，还可以为他们提供一个有效的实践机会，从而更好地掌握知识。正所以，在《氯气》这节课上，我们着重探讨的是氯气的化学。2003年3月29号，江苏淮安发生的一起严重的液氯泄漏事故，给当地带来的损失惨不忍睹。泄漏的液氯让当地的农田受到严重的破坏，玉米、油菜都被染成金色，更糟糕的是，还引发了大量的人畜受害，甚至死亡。为此，当地的工作人员纷纷拿起湿润的毛巾和口罩，准备抵御危险，以便及时获取救助和安全撤离。接着，老师引入了一个新的话题：让我们来探究一下，如何使用上述材料中所出现的一些工具与实验器材来模拟氯的特性？

通过将当时的真实情况融入到课堂教材之中，我们使用图像来展示当时那些悲惨的镜头与进一步还原当时的场景，这让学生们感到非常好奇。他们想要更深入地了解那些会给我们的日常生活带来严重威胁的毒素，比如氯气。当我们探究这个话题的答案时，大家都认为氯气的脱色效率非常高。比如，我们将一张晒过的红纸条放进氯气溶剂，但它看起来不像染过颜料。这让我们开始怀疑，氯气是否真的会导致这张纸的颜色改变？经过一番研究，我们最终确定，这种情况下，我们将这张红纸条浸泡在溶剂里，再将它投入氯气溶剂，结果它的颜色立刻改变，原来它正好被氧化成一种新的物质——次氯酸。根据这一发现，我们可以推断出氯气的脱色的有效性。

五、教学实例——《化学反应速率与反应限度》（复习课）教学设计

（一）教材分析

化学反应速度与反应限度，是高中化学课堂基本概念中的主要部分，是高中化学课本的主要内涵之一。我们在经过了初三的复习，已经开始理解复杂化学反应的实质：旧键破裂与新键生成；也学到了专题的《微观结构与物质的多样性》，并掌握了化学键的基本理论：一般而言，化学键键能比较高，键越紧密，则物质的化学结构越稳定。

（二）教学目标

（1）知识与技能：①掌熟悉化学反应的原理，深入研究各种因素对其进行的影响，以及如何利用这些因素来推断出其中的规律；②熟悉可逆反应的机制，以及它们是如何在特定的环境中实现的，以及它们是如何被转换为化学稳定的。

（2）过程和方法：①重视培养孩子的科学探索能力，让他们树立正确的探索观念；②通过实验研究，深入挖掘影响化学反应速率的内在机制。

（3）情感态度和价值观：人们拥有热忱地参与化工科学研究，并将其应用到日常生活中，从而培养出一种积极的情感态度和价值观，从而能够客观准确地评估与化工科学有关的社会和生活问题。

（三）重点难点

（1）本课将重点放在探讨化学反应的基本原理，并分析可能对其产生影响的各种因素方面。

（2）其中的难点是：探究改变和调节化学反应的因素是什么。

（四）教学步骤

1. 通过学习计划，我们可以整理和巩固所学知识

掌握有关化学反应速率的基本原理，深入研究影响反应速率的外部因素，以便更好地理解和解释相关现象。

2. 认识

（1）可逆反应的温度受到严格的限制，只有在特定的温度条件下，它们才能够达到最佳的化学平衡状态。

（2）掌握化学反应速率。

①化学反应速率的定义：_____。

②表示方法：_____。

在这一阶段，设计出一份有效的复习学案至关重要，教师应该明确学习目标，以便学生能够有针对性地复习；此外，还应该根据每个目标知识点，制作出一份表格或者留出空白，以便学生能够有效地整理知识。

学生们应该首先整理课前的知识，以便发现问题并进行补充。如果有不同的看法，可以在小组内进行讨论。表4-1展示了一个小组的交流记录。

表4-1 小组交流记录

影响化学反应速率的因素			
	影响因素	对化学反应速率的影响	说明或举例
内因	反应物本身性质	取决于具体反应	Na和K分别与水反应
	温度	温度升高，反应速率加快	
	浓度	反应物浓度增大，反应速率加快	
外因	压强	增大压强，反应速率加快	气体参与的反应
	催化剂	加快化学反应速率	
	反应物固体颗粒太小	增大固体表面接触面积，加快化学反应速率	块状大理石和粉末状大理石分别与同浓度的盐酸反应

在讨论过程中，我们面临着三个重要的问题：①随着压力的增大，反应速率是否会相应提高？②浓度的增加是否会导致反应速率的提升？③催化剂是否能够促进反应？

分析过程：①压强增大，不一定会加快反应速率，一定要改变气体的体积，从而改变浓度，才能改变反应速率。一位组员以题目作为示例进行解释说明：某温度下，一恒容密闭容器中发生可逆反应 $2SO_2 + O_2 \rightleftharpoons 2SO_3$，达到平衡时充入氦气，反应速率不变。②随着浓度的升高，反应的进行并未得到显著提升，尤其当使用的是浓硫酸时，由于其特殊的化学特征，使得反应的进行受到限制。

教师强调：催化剂可以是正负两种，如果题目中没有指出，则默认为正催化剂。

本次课程的重点将放在小组间的交流和讨论上。为此，我们将会让所有的学生根据课程目标来梳理所需的信息，并将它们结合起来。如果发现任何未被完美解答的问题，我们将会与大家分享，并且鼓励大家相互思考和帮助。在本课程中，老师应该持续关注每一小组的情况，并及时回答他们的任何疑惑，避免让他们的想法受到影响。

3．课堂练习

教师应该设计具有一定难度的练习，例如"过关演练""冲A行动"，让学生在规定的时间内完成，并以此为基础进行小组比赛，最后围绕这些题目进行深入的讨论和交流。

通常来说，"冲A行动"的难度较高，因此，学生们应该在小组内部进行讨论，而教师则应该在一旁提供指导，帮助学生们在思考上达成共识，避免出现冲突。

"冲A行动"示例：在一定温度下，某密闭恒容容器内发生反应 $A_2(g)+3B_2(g) \rightleftharpoons 2C(g)$ 达到平衡的标志是（　　）。

A. 单位时间生成 n mol A_2，同时生成 $3n$ mol B_2

B. 容器内混合气体的密度不随时间变化

C. A、B、C 的反应速率之比为 1∶3∶2

D. C 的生成速率与 C 的分解速率相等

笔者在分析该题解题情况的过程中，发现几乎每个组在选项 B 上都有困难，找不到思考的切入口。教师可直接在课上讲解分析思路。

4．总结

教师要求学生课后进行总结整理，自主构建知识网络，完善知识体系。

（五）教学反思

本节课是关于《化学反应速率与反应限度》的一节复习课，笔者以生本模式进行教学。在上课之前，笔者就按照课程目标准确定位，设计了复习学案，学生在课前按照学案进行知识点的梳理，这样一来，学生复习的目标、重难点就很清晰，不会有"毫无头绪""东一榔头西一棒子"的情况发生。笔者在复习课前就精心设计的复习目标环节做了大量的工作，包括去翻看一些课外的参考资料，并挑选了很多难题，但这些内容大多超出了本节课的要求。虽说是自发的学习，但学生整理了半天的资料，非但自己没能完全掌握，到了组内交流时，别的同学也没听懂，浪费了大量的时间。学生的时间有限，能用在化学学习上的时间更是有限，因此教师还是要起好引导作用，让学生的学习更有效。

在组内讨论环节上，笔者认为一定要关注讨论的有效性。如果完全放手，往往讨论占用的时间很长，最后不能完成教学目标。例如，在碰到一些难题时停滞不前，教学效果肯定达不到预期目标。因此，笔者反复揣摩实践，让组长负责控制讨论进度，对于基础性的内容，一旦组内基础较差的学生觉得没问题了，直接进入下一题，不再浪费时间；对于三分钟内解答不了的难题，做好记录留待全班讨论。教师在这个环节中一定要做好跟踪指导。例如，上述"冲A行动"例题的一个选项，笔者经过观察发现学生都在纠结其中的问题，想了很长时间也没想通，于是及时提醒他们：这个问题留到全班讨论环节时由老师来解决。

第四节 活动单导学教学模式

"活动单导学"意在引导学生积极参与上课，进而提高他们的学习能力、独特性、自信以及创新精神。第一，"活动"。意在帮助他们更好地理解课堂教学所涉及的知识，进而达到提高他们的学习能力的最终目的。第二，"活动单"。"活动单"是呈现教学目标、教学内容、活动方案等教学元素的表格，是导学的主要参照。"活动单"一般包括课题名称、活动名称、活动方案等内容，它们不仅能够作为导学的重要依据，还能够调动学生的热情，调动他们的潜能，调动他们的自信，调动他们的探索求知欲，调动他们的探究精神，调动他们的创造性，调动他们的潜能，让他们的潜能得以最优化，进而达到最佳的效果。这种教法被认为是为了帮助学生更好地理解课程内容。

一、模式特点

课程单活动和单一课程的教学的区别主要表现在如下三个方面。

（一）活动目的

近年来，随着社会发展，以学科知识、以课程逻辑为核心的教学理念逐渐得到重视。然而，传统的以传授知识、以分数来衡量的方式已经不再能满足当今社会对于全面发展的需求，因此，我们应该重新审视传统的以传授知识、以分数来衡量的方式，以更加全面的视角来指导学生的发展，以促进他们的情感、价值观以及全面的素质。"教学活动"指的是在课前制定的步骤，这些步骤通常用来帮助老师在上课时更有效地完成任务。通过这些步骤，学生能够更加自主地完成任务，并且能够更加有效地参与到课堂中来。这些活动通常旨在测试老师在上课时取得的成绩。

"活动"和"生活世界"均为活动单导学教育，但"书本世界"则突出了培养的自主探索、创新、解决的能力，使得他们可以在日常生活中运用所学的技巧，在解决复杂的人际、社区、个人、家庭生活等多方位的问题时，可以有效地提升学习成绩。采取这样的教学模式，不仅能够让学生们充分发挥自主思考的能力，还能够让学生们实现身心的双重释放。它的核心理念是：让学生成为学习的主人，让学习成果变成实际行动，让学生成为教学的一部分，让学习变成一个互助的过程。

（二）活动组织形式

在传统课程中，教学活动往往只关注学生在获取间接经验时的内心体验，而忽视了学生在获取直接经验时所需要的实践性操作和社会实践。这些活动往往被用作教学的装饰，以满足教师的教学需求。通常，学生会被迫参与这些活动，但他们的想法与现实、学习和日常生活之间存在着脱节。

通过采用活动单导学的方式，我们可以将"学科""知识"和"教材"这几种传统的形式作为一种新的概念，将课堂教学变成一种以学生自主探索、发现、创新的过程，从而更好地提升他们的能力。在课堂上，我们不仅要深入探讨传统的知识，还要积极参与各种活动，包括调查、观察、采访、收集信息、撰写论文、发表演讲、进行实验、交流与探讨、反思、尝试新事物以及体验生活。"活动"的成功并非由老师的讲解所决定，而是由学生自己的努力和探索所决定的，这种探索和努力的本质就是通过自己的实践和反思，获得知识。

（三）活动结果

通常，课堂上我们更加看重学生理解课本内容的深度，并通过实践来提升他们的理论水平。而通过采用活动单导学方法，我们更加看重将课堂目标融入实际操作，并让他们更好地理解多与少，同时也更加看重培养他们良好的思维品质、工作精神、团队合作精神，从而提升他们的综合实践能力。重点突出了活动课程所能够带来的潜能，以及它们所能够构建一个充满爱心、友好、互助、包容、互信、互助的教育氛围。

总之，他们提出的课堂模式是一种全新的、充满活力的、从传统的教学模式到现代的教学模式的转变，它不仅改变了传统的教学方式，也为学生提供了一种更加开放、自主、积极的学习环境，从而获得了令人惊叹的学习成果。

二、思想价值

在教育的过程中，并不存在缺乏教育思想和教育理念为基础的教育活动，而只是教育者对教育观念、教育思想认识的正误深浅的差别。

在"面向全体学生，促使学生充分、自主发挥"的课程单导学模式中，教育者的观念和理念的正确性和错误性都可以得到有效的体现，这也是教育过程中不可或缺的一部分。

"面向全体学生"成为活动单导学模型的核心理念，被贯穿到了整体教学过程，将"适度"当作重点，"广度"当作辅助内容，以满足不同的学生需要，并且努力调动他们的兴趣，以期望最大化地充分发挥他们的潜力，从而达到最佳的教学效果。采用"面向全体学生"的指引，将其融入到活动单的模式之中，不仅有利于提高学员的能力，而且有利于确保课程的公开、透明，从而更有效地提高教师的专业水准，从而更有效地服务于社会，让更多的人受益。

"全面发展"是一种以活动为导向的教学模式，旨在通过提供充足的课堂资源来实现"全面发展"的教学目标。然而，要想真正实现"全面发展"的教学目标，我们需要将知识、能力、教育过程和方法、情感、态度和价值观这些方面结合起来，实现教学和培养人才的双重目标。

"促进学生主动发展"是活动单导学课堂模式的基本策略。课堂教学阶段，是学生生命体的情感交流、思想沟通、人格发育的关键阶段。活动单导学着力于开放式课堂教学，通过有效地让学生们动眼、动耳听、动笔看、动笔听、动笔写、动手做，最大限度地解放了学生，还他们一个主体的身份，让学生在课堂教学中重新释放自我，拓展心智，张扬人格，并把教师服务基于学生、顺遂生活、开创新生命，作为课堂教学的根本宗旨。而事实也证明，如果学生们一旦不依赖老师的话，学生的内心里将会产生一种越来越强烈的自我，从而变得越来越自信，越自信，会更坚强；越强大，越是爱学；越是爱学习，就越是想学习；越是会学习，就越是自信，进而逐渐形成良性循环，从而表现出自身巨大的能力。

三、教学模式

在不断的尝试中，活动单导学设计了这样一套教学模式，即"设计情景—执行教学活动—测试反应"。"创设情境"，旨在以多种媒介，如文字、图像、音乐、影像、游戏、互联网、社交媒体，来引领学生开展有效的学习，以提高他们的能力，并且能够帮助他们更好地理解所接触的内容，从而达到有效的学习效果。通过采用多种方式，全面考察并衡量学生的自主性、合作性以及课堂表现。

进行活动单导学的"活动"一般包括以下几个环节：一是自主学习，即学生根据"活动单"所确定的学习任务、对象和教学内容，所进行的活动；二是与学生小组协同研究，即通过与学生小组的共同合作解决在课堂上尚未真正搞清楚的课题；三是介绍课堂，讲述学校机构和团体教学事业上的进展情况，以及学生所遇到的不同情况；四是提升互动点评，经过生生和师生之间的互评，教师能够指引学生总结归纳课堂上的知识点，包括重点和难点，，从而更好地把握和掌握教学的核心内容，同时还能突出学生容易犯的错误、模糊不清的概念等薄弱的地方。

四、教学原则

（一）主体性原则

活动单作为学生自主学习、参与讨论、反馈提升的物化平台，活动设置的基础为心中有"生"字，即跳出传统成人观念，从学生的角度呈现活动设计过程，在问题分析的基础上根据学生学习中可能出现的问题、困惑、盲区、薄弱点与兴奋点确定认知行为的最好出发点、最大质疑点和探究重点，通过灵活的活动设置起承转合、铺垫提升、疑问解难、点拨指导等的活动主导情境，引领孩子们从独立思考、问题讨论、互动分享过程中参与整体认知进程，汲取智慧，完善心灵，创造成功品质。

（二）整合性原则

活动单既并非对教科书的简单复制，也并非对课本知识点的单纯罗列和重复拼凑，并非老师个人对课本内容的任意剪裁，而是教师之间在对课程专题研究、实际教学情况，以及对教材深入理解基础上做出的协商总结，其综合程度也是教师衡量活动单设置效率的重要依据。首先，专题研究内容是教科书制定与进行教育的重要指针，活动单的设置离不开教师对专题研究内容的正确掌握。教科书也是教师制定专题研究内容的基本方法与日常教育的重要基础。其次，对不同版本教科书的合理取舍有助于教师掌握课程教材的实质内容。由于课程教学是以学生为基础的行为模式，对课程内容的调查和关照一定程度上影响了活动单在具体应用活动内容时的效率。最后，项目单的制定要注重现代社会资源、科学技术资源、历史文化资源的有机融合，突出项目活动的开放性、体验性。

（三）问题性原则

"问题"是一本充满智慧的书籍，它能够激发学生的思考，帮助他们发现、分析和解决问题。"问题"则为学生提供了一个指引，帮助他们更好地理解知识，并在学习中取得成功。设置问题对于研发"思维最近发展区"活动至关重要，它不仅能够提高活动的质量，还能够提升学生的学习效果。因此，问题的设计应该紧扣学生的学习需求，突出重点知识，并且在项目情境设置上要求创新性和逐步深入。

（四）建构性原则

新学到的知识并不是无源之水，也不是无本之木，总是和原有学生认识内涵中的某些陈旧知识点形成关联。而学生掌握新生知识的过程，也就是不断地将原有学习经验与新生知识进行关联、连接、扩展的过程，也就是对学生学习经历进行自觉形成的过程。学生要么调动已有的认知经历去消化吸收新生学习经历，将学生认识经验渗透到原有的认知内涵中，由此形成新的认识发展点；又或者将原有的陈旧学习经历去更积极地适应新生认知，由此形成新的认识内涵；亦或将二者并存。活动单旨在给学生对新旧知识经验的同化与适应提供连接与构联的机会，从而创造合理的建构平台，进而促进学生对新知识经验的内化与迁移。在这一点上来说，如果缺乏老师的全面剖析、精心设计，就不能对新知识点合理建构，也就无法高质量地自主生成。建构的根本原理就是，研制活动单不可缺少的隐性原理。

五、教学实例——《混合物的分离和提纯》（第一课时）教学设计

（一）学习目标

①知道溶解、过滤和蒸馏所使用的设备，并掌握了这些设备使用原则；②初步掌握采用过滤、蒸馏和结晶的方法，对产物进行分离和提纯；③能检测 Cl^- 和 SO_4^{2-} 的存在；④学会将粗盐中的泥沙、$CaCl_2$、$MgCl_2$、Na_2SO_4 等成分去除，以及所加试剂程序和用法。

（二）活动过程

1. 回忆初中学过的物质分离、提纯的方法（6分钟），设计活动单

（1）采用物理方法分离或提纯下列混合物（括号内为少量杂质）。

序号	混合物	分离或除杂方法
①	铁屑和沙子	
②	$CaCO_3$ 和 H_2O	
③	NaCl 晶体（KNO_3）	
④	KNO_3 晶体（NaCl）	

（2）分别写出这些操作所需要的玻璃仪器名称。

（3）简述活动过程（1）中③、④的操作过程。

2. 综合应用物质分离、提纯的方法（10分钟），设计活动单

（1）采用化学方法提纯下列混合物（括号内为少量杂质），指出使用的试剂和分离方法。

·110·

序号	混合物	分离或除杂方法
①	氮气（氧气）	
②	CO_2（CO）	
③	CH_4（H_2O）	
④	$FeCl_2$ 溶液（$CuCl_2$）	
⑤	$CaCl_2$ 溶液（HCl）	

（2）实验探究。

药品：Na_2SO_4 溶液、$BaCl_2$ 溶液、稀硫酸、Na_2CO_3 溶液、$AgNO_3$ 溶液、稀盐酸、稀硝酸。

仪器：洁净试管、胶头滴管。

实验：①向试管中取约 2mL 的 Na_2SO_4 溶液，然后向试管中滴加 4 滴 $BaCl_2$ 溶液，观察现象，再向试管中滴加 4 滴稀硫酸，观察现象；②向试管中取约 2mL 的 $BaCl_2$ 溶液，然后向试管中滴加 4 滴 $AgNO_3$ 溶液，观察现象，再向试管中滴加 4 滴稀盐酸，观察现象；③向试管中取约 2mL 的 $BaCl_2$ 溶液，然后向试管中滴加 4 滴 Na_2CO_3 溶液，观察现象，再向试管中滴加 4 滴稀盐酸，观察现象；④向试管中取约 2mL 的 $AgNO_3$ 溶液，然后向试管中滴加 4 滴 Na_2CO_3 溶液，观察现象，再向试管中滴加 4 滴稀硝酸，观察现象。

完成以下练习：①写出各实验现象并写出相应的化学反应方程式；②简述 Cl^- 和 SO_4^{2-} 的检验过程；③简述 NaCl 混有 Na_2SO_4 的除杂过程。

3．粗盐提纯实验——综合应用物质分离、提纯、检验（6分钟），设计活动单

（1）粗盐中含有泥沙、Na_2SO_4、$MgCl_2$、$CaCl_2$ 等杂质，请设计一个采用物理方法获取精盐的实验方案，并完成实验。

①简述该实验方案（操作—现象—结论），并指出所需要的实验用品。

②如何检验所得精盐是否已经纯净？简述实验方案（操作—现象—结论）。

③思考：精盐表面的杂质离子，通常可用热水洗涤，由此可得出什么信息？

（2）设计一个采用化学方法提纯粗盐的实验方案（操作—现象—结论）。（注意：加入除杂试剂的顺序，试剂通常要过量，不能引入新的杂质）

（三）课堂练习

课堂练习题设计示例如下。

（1）下列除杂的实验过程都正确的是（括号内为杂质）（　　）。

A．KCl（K$_2$CO$_3$）：加足量稀盐酸、过滤、蒸发、结晶

B．CuO（Cu）：加足量稀硫酸、过滤、洗涤、干燥

C．BaSO4（BaCO$_3$）：加足量稀盐酸、过滤、洗涤、干燥

D．MnO$_2$（KCl）：加水溶解、过滤、蒸发、结晶

（2）用下列括号中的物质除去杂质，其中正确的是（　　）。

A．CO$_2$ 中混有的 CO（过量 O$_2$）

B．SO$_2$ 中混有的 HCl（过量 NaOH 溶液）

C．NaCl 溶液中的 Na$_2$SO$_4$（适量 BaCl$_2$ 溶液）

D．NaOH 溶液中的 Na$_2$CO$_3$（适量 CaCl$_2$ 溶液）

（3）提纯含有少量硝酸钡杂质的硝酸钾溶液，可以使用的方法是（　　）。

A．加入过量的碳酸钠溶液，过滤，除去沉淀，溶液中补加适量硝酸

B．加入过量的碳酸钾溶液，过滤，除去沉淀，溶液中补加适量硝酸

C．加入过量的硫酸钠溶液，过滤，除去沉淀，溶液中补加适量硝酸

D．加入过量的硫酸钾溶液，过滤，除去沉淀，溶液中补加适量硝酸

（4）某工厂排出的废液中含有 Ba^{2+}、Ag$^+$、Cu^{2+} 用① Na$_2$SO$_4$ 溶液、② NaOH 溶液、③盐酸三种试剂将它们逐一沉淀并加以分离，加入试剂的正确顺序是（　　）。

A．③②①　　　B．②③①　　　C．③①②　　　D．①②③

（5）从草木灰中提取钾盐。过滤后的溶液在蒸发皿里加热以得到钾盐晶体，将溶液蒸发时一般有以下操作过程：①固定铁圈位置；②放置酒精灯；③放上蒸发皿；④加热搅拌；⑤停止加热，余热蒸干。其正确操作顺序为_____。

（6）目前世界上 60% 的镁是从海水中提取的，其主要步骤如图 4-2 所示。

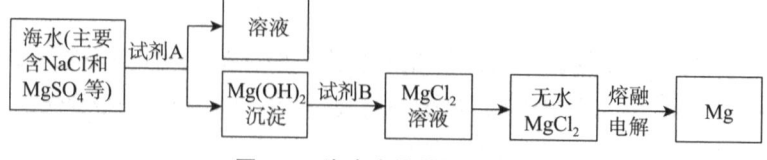

海水(主要含NaCl和MgSO$_4$等) →试剂A→ 溶液 / Mg(OH)$_2$沉淀 →试剂B→ MgCl$_2$溶液 → 无水MgCl$_2$ →熔融电解→ Mg

图 4-2　海水中镁的提取步骤

①提取 Mg 的过程中，试剂 A 可以选用_____，试剂 B 选用_____。

②分离出 Mg（OH）$_2$ 后的 NaCl 溶液中还含有 CaCl$_2$、Na$_2$SO$_4$ 等杂质，为了获得 NaCl 溶液，在分离后的溶液中应依次加入、_____过滤，再向滤液中加入适量盐酸。

（7）目前海水淡化普遍采用"多级闪急蒸馏法"，要证明蒸馏得到的水为淡水的方法是_____。

第五节　项目式教学模式

一、基本定义

1577 年，圣卢卡艺术学院的成立标志着 16 世纪欧洲建筑与工程学的发展，学院的学者们开始采用项目式的学习方法，以帮助学生更好地掌握知识，并且能够在学校里获得更高的艺术素质。学院的老师以示范的方式，让学生在模拟的环境中学习到基本的知识，从而激发他们的艺术创新能力。19 世纪末，杜威的"做中学"引起了全球的轰动，它将 18 世纪末的建筑和 19 世纪末的美国的项目式教学融合，旨在通过训练学生的技术和创新能力，来弥补课堂上的空缺，并且让学习成果得到充分的体现。在杜威的"做中学"指导下，实验性的教学方法成为当时最受欢迎的教育模式，并且被广泛应用。

通过采取项目式教学，我们可以将学生置身于课堂的核心位置，这种教学模式借鉴了建构主义的思想，强调通过小组协作的方法，将课堂内容转化为可操控的环节，从而激发学生的主动性，激发他们的思考能力，激发他们的潜能，激发他们的积极性，从而达到提高课堂效果的最佳效果。通过 Solomon 的研究，我们发现，通过小组合作，学生们不仅可以掌握基础的知识，还可以培养自己的创新思维和独立思考的能力，从而更好地应付老师和同伴们给予的棘手的任务。根据图 4-3 可以清楚地看出项目式教学的重点。

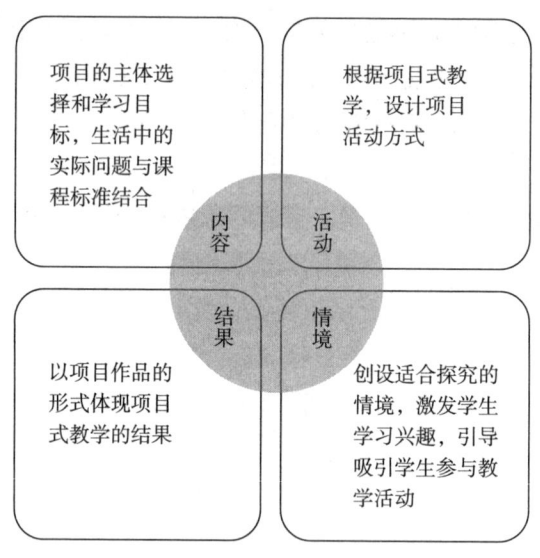

基于核心素养的高中化学教学策略

```
┌─────────────────┐ ┌─────────────────┐
│ 项目的主体选    │ │ 根据项目式教    │
│ 择和学习目      │ │ 学,设计项目     │
│ 标,生活中的     │ │ 活动方式        │
│ 实际问题与课    │ │                 │
│ 程标准结合      │ │                 │
│          内     │ │  活             │
│          容     │ │  动             │
└─────────────────┘ └─────────────────┘
          结         情
          果         境
┌─────────────────┐ ┌─────────────────┐
│                 │ │ 创设适合探究的  │
│ 以项目作品的    │ │ 情境,激发学生   │
│ 形式体现项目    │ │ 学习兴趣,引导   │
│ 式教学的结果    │ │ 吸引学生参与教  │
│                 │ │ 学活动          │
└─────────────────┘ └─────────────────┘
```

图 4-3　项目式教学的要素

二、理论基础

(一)建构主义学习理论

项目式教学和建构主义学习理论有着共同的特点,即强调学生在真实环境中的参与和交流。因此,我们可以利用这一理论,设计出一系列的小组活动,让学生们通过参与项目,获得更多的知识,并且在这一过程中,不仅能够建构自己的知识,还能够培养出更多的技能。

(二)实用主义学习理论

根据"做中学"的思想,我们应该将"做中学"的理念落到工程项目式教学的实际操作上,即让学生们透过模仿现实的场景,完成创造性的工程项目,从而培养他们的创新思维和创造性思维,同时让他们掌握"做中学"的基本概念。因为实施有效的课题活动,我们应该采用小组讨论、团队协作等形式,深入挖掘问题,寻求有效的解决办法,进而不断增强自身的实践能力和创新思维。

(三)发现学习理论

项目式教学的核心在于将真实的问题情境呈现出来,这一过程需要学生们仔细构思、精心设计、反复实施，以及不断探索、实践，最终找到有效的解决方案，以解决实际问题。经过对比分析，项目式教学模式与发现学习理论有着显著的共性，它们在学习过程中的相似之处也不容忽视，因此，我们应该将这些共性融入到教学研究中，以期获得更好的效果。

三、教学优势

（一）提升兴趣

相较于传统授课方式而言，项目式教学有着较强的趣味特征，它可以改变与革新原本讲授型授课模式，借助搭建真实化特定授课情景，提升授课环节趣味特征，借此打造出积极主动且充满活力的话题气氛，进而逐步激发学员们的学习热情，在这样的一系列的授课流程中，学生的主观能动性得到了不断提升，也激发了他们的求知欲，学生可以更为自主、独立、主动地参与教学进程，从而提高学员思维分析水平、解题思路和练习能力。

（二）教学过程的可控性

项目式教学还有一个更加明显的特征——可控性。在实施案例教学项目的过程中，教师会引导学生共同参与，从而增强学生对教学项目的理解与把握，而在共同交流与探讨的过程中，教育者与受教育者之间的教学关系也被逐渐拉近，教育者与受教育者之间的互动程度也越来越高，从而能够很好地帮助学生顺利地掌握关键知识，教师与学生共同探讨，逐步推进教学项目的科学实施。

（三）理论与实践相结合

项目式教学从根本意义上实现了"教学做合一"，真正将理论与实践进行了完美的结合，在项目的实施过程中，学生不仅能够系统地把握理论知识，还能科学严谨地开展实践操作，最终让学生的实践能力与学科素养都能得到良好的培育。同时，学生在梳理知识构建逻辑框架的过程中，也能够逐步提高自身的分析能力，而综合性的项目实验活动，能够逐步提高学生开展化学实验的综合能力，真正实现核心素养下的课堂教学目标。

（四）教学流程可控制性

通过采用项目式教学，我们发现它具备一个非常重要的优势：良好的可操作性。通过让学生们一起完成课题，我们的老师和他们的学生成员将一起努力，并且通过相互的沟通和合作，让他们的思维和行为得到发展，这样一个课堂就变得更具活力和创造力，从而提升学生是教学课堂的主体的地位。通过不断改革和创新，我们将大力促进教育项目的有效执行。

（五）将理论和实际应用紧密联系起来，以达到最佳效果

"教学做合一"的项目式教学极大地提升了教学的效果，它既使学生掌握了基础的理论，又使他们具备了较强的实际应用技巧，使他们的实践技能和学术修养达到更高的水平。经过系统地整理和组织知识，并且经过有效的逻辑思维模型练习，可以有效地培养的分析方法和技巧，并且由于参与多样的实践项目，可以进一步增强他们的综合技能，从而达到培养的核心素质的最终目的。

四、应用原则

（一）强调学生的核心地位，以此来推动教育发展

项目式教学是一种具有科学性和有效性的教学方法，它要求教师在实施和推行过程中严格遵守科学原则，以确保课堂教学的有效性和高质量。

在课堂上，学生扮演着重要的角色，他们将成为教学活动的核心。采用项目式教学方法时，我们应该以尊重和培养他们为前提，并充分考虑他们的个人喜好和能力。通过不断完善和调整我们的方法，我们可以更好地激励和促使他们积极参与到我们的活动之中，并最终达到最佳的教育效果。

（二）我们应该充分考虑到每个学生的不同理解能力和个体差异

作为一名老师，我们必须意识到每一位学生都拥有自己的学习方式和需求。我们需要遵循以学为导向的原则，并且要充分考虑到每位学生的不同背景和需求。我们要尽可能地为每一位学生提供适当的课程，并且要确保他们都得到充分的关注和帮助。我们要注意到，每一位学生都拥有自己的优势和劣势，因此我们要努力为每一位学生提供最适合的课程。通过运用先进的技术手段，

结合现代社会的发展，以及利用互联网的优势，我们可以有效地挑选和实施各种有效的课程，并且充分利用各种化学教育资源，以及开发出多样的课程，以提升学习效果。

（三）通过合理的课时安排，可以提高教学质量

项目式教学的特点是，它需要教师有效地安排课程时间，以便让学生能够获得充足的实践机会。因此，教师需要制订一个合理的计划，以确保课堂上的讲解能够得到充分的利用，同时也能为学生提供足够的实践机会。教师应该根据项目的复杂性和可行性，科学地制定出一个完善的时间表，并且灵活地调整项目的实施步骤和时间，以确保教学计划的有效执行。

（四）优化教学设计

教学计划和安排是教师实施项目式教学的关键，因此，教师需要仔细研究、精心挑选和设计项目，以便更好地满足学生的需求。此外，教师还需要根据项目的特点，制定出合理的完成时间表、细致的实施步骤和有效的活动，并且不断改进和完善评估方式，以确保项目的有效性和可持续性。在开展教学项目设计之前，教师应该积极倾听学生的反馈，并以民主和开放的态度与他们进行沟通和协商，以便更好地收集和整理学生的意见和建议，选择最适合的教学项目和任务，以确保项目的有效性和可行性。

五、教学实例——《锂电池的观察了解》教学设计

（一）高中生化学学习特征分析

在开展化学科目设置之前，教师们还必须对当前时期的学生学习生活现状和化学复习情况加以分析，进一步了解他们的化学基础和学习情况。中学时期，他们主要经历了初中的化学课程，从而开始逐渐具备了相应的化学知识，对一些化学反应实验、化学反应理论等逐渐产生了感性的认识。同时在高中学期的化学课程当中，他们也开始慢慢具备了一定的物理思维能力和抽象思维意识，他们能够从实际问题出发进行化学本质分析。

我们在进行项目型课程设置时，根据高中课程的具体要求，设置了认识分析锂电池的研究课题，组织指导学生尝试从锂电池的观察认识与调研分析两个

环节进行项目式的教学，建立比较完整的化合物认识，并可以将之运用于具体实际之中。

（二）锂电池的认知项目

镍氢电池在日常生活当中是比较普遍的产品，学生们所用的手机、计算器等电子产品，大部分使用镍氢电池使用。但是对本科生而言，对镍氢电池的基本现象认识较浅，化学教师在课程的教学中将对镍氢电池的研究与信息收集来进行一期工程的教育工作。

首先，镍氢电池知识目标的教学任务是：学生采用查阅有关文献的形式对镍氢电池的有关信息情况加以梳理，同时根据化学课程中化合物有关知识点，对镍氢电池的化学特征加以分析。采用案例形式的课程展开，有助于学生建立从化学角度出发开展日常生活环境知识的能力。

其次，以微课方式实现情景导入，教师制作微课录像，对锂电池的基本状况加以说明，成为补充教学资源，起到了引导与拓展的效果。其中微课视频学习需要涉及镍氢电池的主要化学特征、结构形式以及操作特点等，并且还能够通过三维动画的方式揭示镍氢电池的内在结构，有助于学生树立起基本的对镍氢电池的认识。在进行完微课的视频观看之后，学生还要根据微课视频的学习，完成较为完整的镍氢电池有关资料的收集与梳理。

通过分组的研究方式，在教师的帮助下，他们利用图书馆、网络等途径，对镍氢电池的成长过程、在人类社会中发生的作用、镍氢电池的主要结构特征、工作特点及其所带来的影响等加以总结概括，作出研究记录。

最后阶段，我们可以结合锂电池搜集信息等进行资料的总结，可以采用进行书面汇报或是图片记录的方式，把锂电池的有关资料呈现出来。展示材料需要具有条理性，他们可选择从镍氢电池的研究历程方面加以总结，也可从化学元素的分析方面对镍氢电池加以研究，老师要根据他们已完成的研究内容以及他们在课题研究上的成绩，对他们进行客观的评判。

（三）锂电池的应用处理

经过上一阶段项目研究，学生基本掌握了镍氢电池的化学特征，能够在观念认识层次了解到锂电池的错误处理方法可能造成对周围环境的损害。在此基础上，老师组织进行第二阶段的专项研究工作，指导本科生尝试再一次开展锂电池研究，为镍氢电池应该如何进行无害化管理做出研究。

经过深入的资料收集，学生会认为镍氢电池平均寿命是三年，目前的废旧电池管理制度还不健全，对镍氢电池的减量化认识不高，镍氢电池在自然界中的危害相当恶劣。除要开展图书馆、网络的调查以外，对有条件的高校也可开展进行实际的探访调查，让他们从其身边情况入手，对镍氢电池的废弃处置状况以及镍氢电池所产生的影响情况加以观测与记录。

在进行数据统计分析时，他们能够投入到小组讨论之中，根据此前已经了解到的有机化学基础知识和平时积累收集到的有关数据信息，尝试提出镍氢电池无害化处置对策，提出处理措施。因此，他们能够从污染物转变角度入手，通过化学试剂把镍氢电池当中原本有害的化合物 $LiCoO_2$ 转化成为可以排放的 $CoCO_3$，最后能够达到无害化。学生们可以通过实验室实验的方式，验证自己的想法。学生也可以通过实验室实验的方式，验证自己的想法。

当项目化研究完成以后，他们也必须发表研究结果。这一阶段学生们可通过课题汇报的形式，用翔实的资料对当下镍氢电池的处理状况作出总论，以明确当前镍氢电池所产生的环境污染问题。同时拿出自己的实测资料，向大家阐述自己的无害化处理设计思想，用可行性方案的方式作出简要的说明与讨论，以完成这一阶段的工作任务。

相对于上一个阶段，第二阶段的学习难度加大，对学生的思维能力和化学知识要求更进一步，老师必须在旁加以教育辅导，帮助他们攻克障碍，形成科学思维，有效地顺利完成项目任务。

第五章

基于化学学科核心素养培育的高中化学课堂教学设计

第一节　高中化学课堂教学的流程及策略

第二节　高中化学教学情境素材的开发与使用

第三节　高中化学学科内容的结构化分析与设计

第四节　高中化学课堂教学活动系统的设计与规划

第五节　高中化学课堂的学习评价设计

第一节　高中化学课堂教学的流程及策略

《普通高中化学课程标准（2017年版2020年修订）》中提出：化学课堂教学在评价时，应当紧紧围绕着培养学生化学学科核心素养的主题，深入推进基于化学学科核心素养教育下的教学活动，以全面培养化学学科核心素质，以实现学校立德树人的根本任务。但是，基于化学专业在基础素质训练下的教学，是一种全新的、具有挑战性的研究课题[①]，对教师提出了较高的学科素质要求。因此，化学教学时，教师应积极开展基于化学学科核心素养培育下的课堂教学设计实践研究，主动探索基于化学学科核心素养培育下的课堂教学模式与策略，提升开展基于化学学科核心素养培育下的课堂教学能力。

一、基于化学学科核心素养培育下的课堂教学

何谓基于化学学科核心素养培育下的课堂教学？很显然，基于化学学科核心素养培育下的课堂教学是相对"知识为本"的教学而提出的。"知识为本"的教学，立足于"学科"发展，强化专业知识传授；而基于化学学科在核心素质教育下的教学，从"育人"角度来看，就需要全面发掘和实现化学教学资源价值，通过优化教与学的方法和活动，培养和发挥学生的核心素养。所以，在教育活动中，要让化学基本价值观的建立、化学学科思维的训练，以及科研探索等实践性教学环节成为培养学生化学学生核心素质的突破口。[②]

因为化学学科基于核心能力培养的课堂教学注重培养学生的核心能力，这种教学方式是注重学生深度思考、强调知识应用和创造、鼓励学生发展的教学过程。这种教学在内容上也选择和传授事实性知识，但重点不是记忆和复制学科知识，而是以学科知识为培养核心学科能力的载体，引导学生真正地学习知识。运用学科知识和思维方法分析和解决化学问题，从而逐步形成正确的价值观、必要的性格特征和关键能力。

---

① 中华人民共和国教育部. 普通高中化学课程标准（2017年版）[M]. 北京：人民教育出版社，2018：77.
② 《基础教育课程》编辑部. 素养为本·多元发展·与时俱进——访普通高中化学课程标准修订组负责人徐端钧[J]. 基础教育课程，2018（01）：59.

二、基于化学学科核心素养培育下的课堂教学的流程

如何开展基于化学学科核心素养培育下的课堂教学设计与实施？《普通高中化学课程标准（2017年版2020年修订）》强调："教师应科学制定具体可行、基于化学学科核心素养发展的教学目标，挖掘教学内容在化学学科核心素养发展方面的独特价值，设计和开展多种形式的实验探究活动，有目的、有计划地引导学生运用化学学科思维方式和方法学习化学知识，注重引导学生在化学知识结构化的自主建构中理解化学核心观念，设计基于真实情境的问题解决任务，使学生在解决问题的活动中逐步发展化学学科核心素养。"[①] 同时，还应充分发挥教学评价的应有功能，通过多样化的评价方式，精准诊断学生化学学科核心素养达成情况并有针对性地提出促进素养发展的教学改进建议，有效实施"教、学、评"一体化教学。

因此，基于化学学科核心素养培育下的课堂教学的教学设计与实施的流程如图5-1所示。

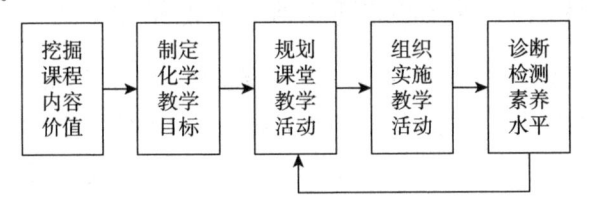

挖掘课程内容价值 → 制定化学教学目标 → 规划课堂教学活动 → 组织实施教学活动 → 诊断检测素养水平

图 5-1　课堂教学设计与实施

以下围绕课堂教学的教学设计环节（主要为图5-1中的前三个环节）的任务要求进行较为深入的分析。

"价值分析"环节：由教师通过课程标准和教材，从立足学生化学知识增长的视角，分析相关课程内容的掌握会对学生认识的深度和广度、思想水平和能力、价值观念和个性品质等方面产生怎样的作用，从而归纳和提炼化学课程内涵中对学生学科基础能力训练与成长的价值。

"目标制定"环节：在明确了教学内容价值后，需要根据学生状况与课程进阶逐步整合，并按照课程目标所表述的规范性条件（通常包含学习条件或路径、学习内容及达成标准等）将教学内容价值实现过程转换为课程目标。

"教学规划"环节：教学目标制定后，便要制订教学目标达成的行动方

---

① 中华人民共和国教育部.普通高中化学课程标准（2017年版）[M]，北京：人民教育出版社，2018：76.

案，以促进目标的达成。因为学习目标包括了学习条件或途径、学习内容和学生所要求达到的标准，也就为教师需要通过创造什么样的条件或途径引导学生进行有关内容的学习和达到什么样的标准等问题提供了方向，所以在课程设计中要紧紧抓住教学这一目标。

必须说明的是：为了达到有效推动学生专业核心素质发展的目标需要，在教学方案设计同时，学校还应根据课程目标需要、按照教学进度适时实施对学生学习活动以及成果的评估，在教学活动中全程追踪学生能否达到一定的素质水平，以便适时调整教学计划，发挥学生学业评估的综合检测功能和发展功效。

三、基于化学学科核心素养培育下的课堂教学的策略

《普通高中化学课程标准（2017年版2020年修订）》中指出：化学学科的基本素养，是在学校相应专业课程教学过程中逐步培育和发展起来的基本素养，即形成学科素养的基本能力与素质，是学校课程教学任务的整体体现，是学生知识、技巧、意识、态度等的全面反映。同时，化学课程的核心素养还具有了"具身性""情境性""实践性""整体性""复杂性"和"组织性"的特征[1]。所以，培育与发展学生化学专业核心素养的课程设置与实践活动，都需要凸显学生化学学科特色、发掘课程的多维价值、恰当整合化学教学、创设具体问题情境、优化化学教学与实践活动的整体内涵。

（一）凸显化学学科特征

由于化学学科核心能力是具有学科特色、体现学科独特教育价值的关键能力，因此培养学科核心能力的教学必须强调"从微观层面认识物质、以符号形式描述物质，并在不同层面上创造"的学科特点。突显学科特征的教学，强调立足于学科独特视角来审视物质及其变化，帮助学生掌握研究物质及其变化的学科思想方法、建立起"宏观—微观—符号"三元表征体系的化学基本思维、形成科学质量观等化学基本价值观、感悟化学与经济社会发展之间的巨大联系等，这是培育化学学科核心素养的关键。正如学者们所言："唯有用学科独特的视角审视问题、分析问题和解决问题，才能形成真正意义上的学科素养。"

---

[1] 张良.论素养为本的知识教学——从"惰性知识"到"有活力知识"[J].课程·教材·教法，2018（03）：52.

（二）挖掘知识多维价值

知识是培育学科核心素养的重要载体，素养培育过程是学生通过知识学习从而实现能力、态度、情感等全面发展的过程。所以，基于化学学科核心能力培养的课堂教学必须充分发挥化学知识的多维价值——迁移价值（之前获得的知识有利于后续学习和解决问题）、认知价值（学习和掌握知识的价值可以丰富认知结构，提高认知水平和能力）和情感价值（知识的学习过程会对学生的情感、态度和价值观产生积极的影响）。

（三）合理组织教学内容

在化学学科核心素养下如何组织教学内容，即如何将化学知识转化为化学学科素养？《普通高中化学课程标准（2017年版2020年修订）》中曾指出，教学内容的结构化，是完成这一转化的关键。所以，课堂教学过程中，不但要按照逻辑关系安排课程、形成学习网络，还应结合分析和解题的步骤，总结和建立探究物体及其变化规律的思想途径，以此有助于学生提高认识结构化水平，建立统摄性意识。

（四）创设真实问题情境

素养教学也形成了"情境性"的特征，正如《普通高中化学课程标准（2017年版2020年修订）》强调的，"真实、具体的问题情境是学生化学学科核心素养形成和发展的重要平台"。所以，在化学教学过程中，教师必须重视利用实际生活资料、化学历史资源、化学实验材料等构建真实的课堂情境，并创造富有新意的化学问题。在教学时，通过呈现丰富多彩的问题情境，将化学知识、教学思考方法、学科价值主张等方面，整合到真实情境下的化学问题解决上，以培育学生正确价值观念、必备素养和关键品质，并培育学生学科的基础素养。

（五）优化学习认识活动

正确价值观念、必备品德和关键操作技能能力的培养与锻炼过程，是由学生自发养成的过程。化学核心素养需要在化学学习活动过程中发展，在合作交流中激发，在反思实践中生成。因此，在化学教学活动中，教师应根据课程目标和问题情境，引导学生聚焦学习任务和要求，并运用独立思考、小组合作、实验调查等多样化的学习方法，进行分类概括、推理论证、建模解释、符号表示等具有学科特色的学习活动，掌握化学知识、启发科学思维、培养关键能力、树立价值观等。

第二节 高中化学教学情境素材的开发与使用

情境是理解与思考的基石，是人们形成认识的土壤。课堂教学作为推动专业知识建构、塑造专业素质的特殊活动，离不开具体的情境。因为，素养是人在特定情境中解决问题的高级能力与人性能力。离开教学情境谈论素养，素养培育将成无源之水、无本之木。为促进教学活动的有效开展，课程标准研制者在相应的学习主题中设置了"情境素材建议"栏目，就主题教学可以开发使用的情境素材提出了参考意见。本节结合一些具体的教学案例，就教学情境素材及其遴选、使用进行探讨，旨在厘清如何更好地创设教学情境以驱动学习活动的开展、实现学科核心素养的培育。

一、教学情境的构成及价值

（一）教学情境的构成

教学情境的主要含义，是指在课堂上教师按照课程目标要求和学生特点，为促进教师的教和学生的学有效地进行，所营造的一个特定的课堂教学环境和气氛。很显然，教学情境是教学活动顺利开展的载体和基础，是实现教学目标有效达成的必需路径。适宜的教学情境，其结构特征包含特定时空、具体事件、核心问题、活动框架、目标结果等五个方面（图5-2）[1]。因此，教学情境创设的意义，是在特定教学时空下，驱动教师与学生围绕教学具体事件和特定问题，在特定学习的活动框架指导下开展教学活动，从而达成相应的教学目标。

---

[1] 王伟，王后雄.《普通高中化学课程标准（2017年版）》中"情境素材建议"内容特点及使用建议[J].化学教学，2018（10）：15.

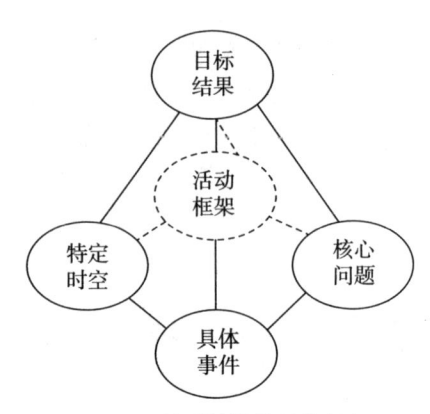

```
           目标
           结果

          活动
          框架
  特定              核心
  时空              问题

          具体
          事件
```

图 5-2　教学情境的结构特征

例如，在"铁及其化合物的应用"教学中①，利用"营养麦片的功能""补铁剂""硫酸亚铁的保存"等素材来创设研究麦片里是否添加铁及为何添加铁、如何促进麦片中铁的吸收、如何检验物质中含铁情况等序列化问题的教学情境。对于教学情境序列中的三个教学情境，依次按教学先后顺序展开，体现教学情境时空性；对于"麦片里是否添加铁及为何添加铁"的教学情境，围绕认识含铁物质性质及用途的教学事件、如何检验铁元素的核心问题和实验探究的学习活动框架来展开（其他教学情境也类似）。显然，序列化的教学情境，指向学生掌握铁及其重要化合物的性质，发展学生基于"价类二维"的元素化合物性质及转化的研究思维，培育宏观与微观结合、变化观念、证据推理与模型认知等化学学科核心素养。

（二）教学情境的价值

认真分析教学情境的结构特征，可以发现其具有认知属性（情境中包含知识）、学科属性（反映学科特质）、社会属性（体现学科价值、倡导学以致用）、交往属性（驱动师生、生生间的交往互动）、过程属性（揭示知识形成过程、学习发展历程）、发展属性（符合学生认知发展和知识内在逻辑）、生成属性（在课堂教学活动中即时生成）等。② 如前述"铁及其化合物的应用"教学情境序列，包含由易到难的学习任务。情境任务驱动学生开展探究活动，

---

① 王星乔，等.基于核心素养的教学设计——以"铁及其化合物的应用"为例[J].化学教学，2017（05）：51-55.

② 王伟，王后雄.学科教学情境的评价标准研究：内涵、意义及其生成[J].河北师范大学学报（教育科学版），2018，20（06）：107-112.

从而认识铁及其化合物的性质及其转化关系，建构研究含铁物质性质及其转化的"价类二维"思维，明确含铁物质中铁元素的价态与性质的关系，研究含铁物质性质及其转化的意义，掌握含铁物质相互转化的条件与路径，理解含铁物质的性质及其转化与应用等。

正因为课堂教学情境具有上述属性，因而教学情境有利于激发学生的学习动机，有利于学生认知理解的提升强化，有利于知识技能的迁移应用，有利于弘扬学科的功能价值，有利于促进教与学更加和谐协调发展，最终将对学生核心素养的培育与发展起到非常关键的作用。值得注意的是，因构成素材、呈现时空、对应事件及核心问题等不同，不同类型的教学情境对应的功能追求与目标指向也将各有差异或自有侧重。这就需要教师在教学设计与实施过程中，在明确各类教学情境及其功能目标追求的基础上，开发多样化的教学情境素材，创设多样化、序列化的教学情境以实现功能互补，从而实现培育学生学科核心素养的最终追求。

二、教学情境素材的类型

（一）教学情境素材的类型

教学情境素材是教学情境的重要构成要素，它对学习动机的激发、教学任务的提出、教学活动的开展起到定向作用，因而对教学目标的达成有非常重要的价值。因此，课程标准在每个"内容主题"中均设置了"情境素材建议"栏目，安排了大量的教学情境素材内容，方便一线教师教学设计时借鉴与使用。认真分析这些教学情境素材，可以发现其内容指向上有差异。针对这一差异，可将情境素材划分为实践类、生活类、社会类、自然类、生产类、史料类等类型。[1]以下结合《普通高中化学课程标准（2017年版2020年修订）》必修化学"主题2：常见的无机物及其应用"中的"情境素材建议"板块加以分析。

（1）实践类：主要涉及化学实验等实践活动，如"菠菜中铁元素的检验"。

（2）生活类：以现实生活中的各种现象与经验等为内容，如"雷雨发庄稼""含氯消毒剂及其合理使用""日常生活中的氧化还原反应"等。

（3）社会类：以能源、环境、生态等热点话题为素材，如"氯气、氨气

---

[1] 田润.中美化学教科书情境特征的比较研究［D］.武汉：华东师范大学，2017.

等泄漏的处理""酸雨的成因与防治"等。

（4）自然类：主要涉及自然界中的化学变化和现象，如"氮的循环与氮的固定""火山喷发中含硫物质的转化"等。

（5）生产类：主要为化学在工农业生产中的应用、工艺等，如"工业合成氨""工业制硫酸（或硝酸）"和"氮肥的生产与使用"等。

（6）史料类：以化学史实为主要内容，如"电离理论建立的化学史料""氧化还原理论建立的史料"等。

由于不同类型的情境素材所包含的内容各不相同，教学实践时，基于情境素材的问题设置、活动安排、教学追求也将各有差异，因而承载着不同的育人价值，发挥着不同的教学功能。

（二）《普通高中化学课程标准（2017年版2020年修订）》情境素材安排情况

《普通高中化学课程标准（2017年版2020年修订）》在各模块、各主题中均安排了大量的教学情境素材，供教材编写和一线教师教学设计时借鉴与使用。有研究者对各种类型情境素材在各个模块教材中的分布情况进行统计研究，结果见表5-1。[①]

表5-1　各类情境素材在各模块教材中的分布情况

模块	情境素材类型及数量							合计
	实践类	生活类	社会类	自然类	生产类	史料类	其他	
必修	6	10	24	7	22	17	—	86
化学反应原理	9	6	4	6	6	6	—	37
物质结构与性质	—	2	5	—	14	6	7	34
有机化学基础	1	4	6	1	8	1	5	26
小计	16	22	39	14	50	30	12	183

三、教学情境素材的开发遴选与教学使用

不论是情境素材的开发遴选，还是情境素材的教学使用，都是为了教学目标的顺利达成，从而培育与发展学生的学科核心素养。为更好地帮助老师们理解如何开发遴选、利用情境素材，以下结合"氯及其化合物"的教学设计加以论述。

[①] 王伟，王后雄.《普通高中化学课程标准（2017年版2020年修订）》中"情境素材建议"内容特点及使用建议［J］.化学教学，2018（10）：17.

（一）教学情境素材的开发遴选

教学情境素材是服务于教学情境需要而开发使用的，而教学情境是促进教学目标达成的重要载体。因此，基于教学目标是遴选教学情境素材的核心原则。教学实践中，教学情境素材遴选与教学情境创设的路径如图5-3所示。

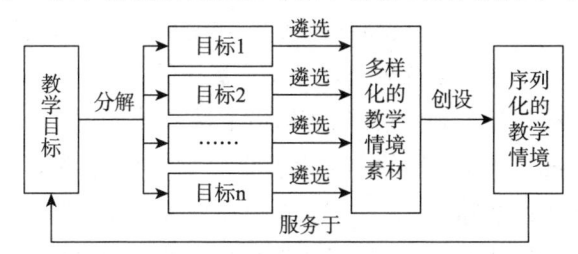

图 5-3　教学情境素材遴选与教学情境创设路径

教学设计时，应先对教学目标进行分解，将其分解为下一层级的子目标序列。在此基础上，根据每个次级目标的特点与要求，开发教学情境素材，并构成多样化的教学情境素材群。最后，以多样化的教学情境素材为基本依托，设置相应的核心问题与学习活动，并按教学时序予以呈现，从而构成序列化的教学情境。

"氯及其化合物"是高中化学必修课程重要的元素化合物内容，课程标准将其安排在"主题2：常见的无机物及其应用"中，并给出了理解氯及其关键化合物的化学性质、掌握氯及其关键化合物在化学生产中的应用等知识要点。根据该主题定位与学校专业能力特征，本单元内容的教学活动，将力图引导学生通过问题解决、实验探究的活动，逐步形成学生通过对物质"价类二维"预测和检验物质属性变化规律的科学探索思维与认识模式，进而提高学生对有关物质属性与功能间的相互关联、物质特性及其改变的社会价值的认识水平，从而训练与发展学生解决社会具体问题的综合能力。根据这一单元学习要求，可进一步分解为如下三方面的目标。

利用实验研究氯气的主要特性，最终建立根据化学物质种类、元素物态对物质的特性作出预测与检验的研究模式。

通过含氯物与转化关系的认知过程，建立化合物特性与应用的关系。

通过设计氯气泄漏处置方法、自制家用含氯消毒剂等项目，认识物质及其变化的价值，进而提高学生正确利用化学物质的意识。

为达成上述教学目标，教学设计时必须开发必要的教学情境素材、设计相应的教学活动。那么，教学设计时需要遴选哪些必要的教学情境素材？

首先，必须开发相应的教学情境素材，引导学生通过阅读思考等相关学习活动，感知开展"氯及其化合物"学习与研究的必要性；同时，基于学生对含氯物质认识不够丰富的实际（初中化学仅接触盐酸、氯化钠等少量的含氯物质），因而要丰富学生对含氯物质的认识，才能很好地开展含氯物质及其转化关系的认识。为此，教学设计时，可开发"氯气的发现史""我们周围的氯元素""含氯物质的安全及合理使用"等情境素材。

其次，为达成"认识氯气的主要化学性质"的教学目标，可开发"氯气泄漏的处理""含氯消毒剂的制备、使用与保存"等情境素材。通过对这些情境素材的分析，让学生认识氯气参与的相关反应，并结合物质的类别、元素价态的变化以及实验探究活动来预测、检验氯气的主要性质。同时，这些素材的利用，还能帮助学生认识含氯物质及其转化，达成"建立起物质性质与物质用途的关联"的教学目标。

在掌握氯气的主要性质、理解含氯物质转化关系的基础上，可开发遴选"氯气泄漏事故处理现场""含氯消毒剂标签（包含安全及合理使用等）"等情境素材，进一步揭示物质性质与用途、使用的关系，从而让学生"感受物质及其变化的价值，进一步增强合理使用化学品的意识"等。

前面提到的教学情境素材，在课程标准的"情境素材建议"栏目中得到很好的体现。因此，教学设计时，应认真研究课程标准，准确把握相关情境素材与内容学习要求（教学目标）的关系，并根据学习要求合理使用、补充开发必要的情境素材，从而使得情境素材有效服务于教学并确保教学目标的达成。

（二）教学情境素材的使用

经过第一阶段工作，教师已经结合教学目标要求，初步确定应该遴选的教学情境素材。但这些遴选工作还处于较为粗放的状态，仅仅考虑选择什么素材，至于素材具体应该包含哪些内容、可以如何使用等尚需进一步分析研究。尤其是直接遴选"课程标准"中"情境素材建议"栏目情境素材，更需要进一步深入研究。受课程标准篇幅所限，"情境素材建议"栏目所提供的教学情境素材叙述简单，仅以内容条目的形式呈现（类似于文章标题或内容范围），至于情境素材包含哪些具体内容、可以服务于什么教学目标、如何系统设计与呈现以达成相应的教学目标等并没有进行过多的分析与说明,这给情境素材的使用带来诸多不便。为此,教师在教学设计时,要结合课程主题的"内容要求""教学策略""学习活动建议""学业要求"等栏目,把握教学情境素材功能价值的指向性(图5-4)。

厘清了上述关系,便能很好地思考如何合理加工、组织与使用教学情境素材。

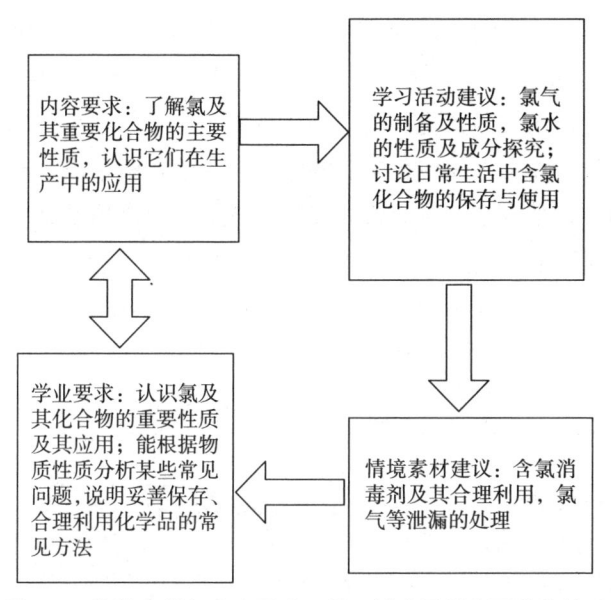

```
┌─────────────────┐      ┌─────────────────┐
│ 内容要求:了解氯及│ ───▶ │ 学习活动建议:氯气│
│ 其重要化合物的主要│      │ 的制备及性质,氯水│
│ 性质,认识它们在 │      │ 的性质及成分探究;│
│ 生产中的应用    │      │ 讨论日常生活中含氯│
│                │      │ 化合物的保存与使用│
└─────────────────┘      └─────────────────┘
        ▲                         │
        │                         ▼
┌─────────────────┐      ┌─────────────────┐
│ 学业要求:认识氯及│      │ 情境素材建议:含氯│
│ 其化合物的重要性质│ ◀─── │ 消毒剂及其合理利用│
│ 及其应用;能根据物│      │ ,氯气等泄漏的处理│
│ 质性质分析某些常见│      │                │
│ 问题,说明妥善保存│      └─────────────────┘
│ 、合理利用化学品的│
│ 常见方法        │
└─────────────────┘
```

图 5-4　情境素材与内容要求、学习活动及学业要求的关系

根据建构主义理论,情境和协作、会话、意义建构是构成课堂学习环境的四大要素[①]。同时,学生与学生(或教师)间的协作、对话以及价值建构等活动,必须总是围绕着特定目标、在特定情境下进行,并为达成教育目标而努力。所以,教学情境的创设,就必须围绕着具体的教学目标,即与教材交流、对话和意义建构等的具体教育目标保持一致。正如学者们所指出:研究教学情境素材的设计过程,也正是要研究从情境素材到教学情境的形成逻辑,或从情境素材到教学情境的形成逻辑,即:教学目标—情境素材—核心问题—教学活动(情境),如图5-5所示,很显然,依据教学目标、结合相应的情境素材开发设计学习任务(核心问题)很重要。

---

① 何克抗. 建构主义革新传统教学的理论基础(上) [J]. 电化教育研究, 1997 (03): 3-9.

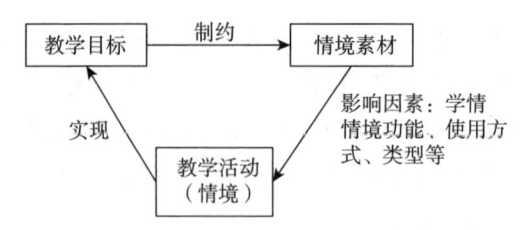

图 5-5 从素材到情境的生成逻辑

结合前述教学情境素材遴选的分析,"氯及其化合物"情境素材的选择与使用主要为达成四个方面的目的:一是激发学生学习兴趣,丰富对含氯物质的认识;二是认识氯气的主要性质,形成基于"价类二维"的物质性质认识模型;三是认识含氯物质的转化,建立物质性质与用途的联系;四是感受物质及其变化的价值,增强合理使用化学品的意识。为此,教学设计时,研究教学情境素材的使用,就是要基于前面所开发与遴选的含氯物质及其应用情境素材,结合情境素材使用期望达成的四个方面的学习目标,并在综合考虑学生情况、学习规律等基础上,设计出驱动学生学习的序列化学习任务。为此,本课教学情境素材、学习任务设计及设置意图等情况见表 5-2。

表 5-2 "氯及其化合物"教学情境设计

教学情境素材	学习任务设计	设计意图
1. 氯气在工业中的用途; 2. 生产生活中常见的含氯物质(包括含氯消毒剂、氯酸盐等)及其应用	1. 描述含氯物质的存在情况及其在生产生活中的重要性; 2. 识别含氯物质以及氯元素的存在形态(化合价)	联系实际,激发兴趣,丰富对含氯物质存在、应用等的认识
1. 液氯的运输、储存; 2. 集满氯气的集气瓶; 3. 氯气发现史(舍勒用盐酸与软锰矿制得氯气,并发现氯气溶于水后所得溶液的一些特性); 4. 含氯化合物的漂白作用与消毒作用	1. 观察并分析氯气的物理性质; 2. 从氯的类属及氯的原子结构预测氯气的化学性质,并设计实验方案; 3. 探究氯与水能否发生反应; 4. 漂白粉的制取与作用原理; 5. 用流程图的方式表示含氯物质间的转化关系	结合情境与任务,掌握 Cl_2、氯水性质;基于"价类二维"思维,建立类属、价态与含氯物质性质及转化的认识,理解含氯物质性质与用途的关系
1. 运输氯气槽罐车侧翻造成的氯气泄漏事故(视频); 2. "洁厕灵"和"84 消毒液"混用导致中毒的新闻报道	1. 设计氯气泄漏处理方案; 2. 制作家用含氯消毒剂安全使用说明书	通过实际问题的解决,迁移应用学科知识、认识思路方法,促进深度学习,增强合理使用化学品的意识

第三节　高中化学学科内容的结构化分析与设计

学科内容结构化是学校培育学生化学学科核心素养的关键载体。为充分发挥化学课程内容的关键功能，从而培育学生化学学科核心素养，学校需要教师在化学教育过程中优化化学课程内容。《普通高中化学课程标准（2017年版2020年修订）》中强调："化学教学内容的组织，应有利于促进学生从化学学科知识向化学学科核心素养的转化，而内容的结构化则是实现这种转化的关键。"怎么进行化学教学内容的结构化组织？化学教学内容的结构化组织又有哪些方法？如何实现化学课程的结构化组织？这些都是教学设计必须关注的问题。

一、学科内容结构化组织的重要性

《普通高中化学课程标准（2017年版2020年修订）》指出，"宏观辨识与微观探析""变化观念与平衡思想""证据推理与模型认知"等化学学科核心素养是对化学学科思想方法、思维方式、学科观念等的描述，是化学学科思维的外显方式。这些维度素养的培育要求，强调学生在面对陌生情境与真实问题时，立足化学学科独特的视角，合理运用化学学科思维并调用化学相关知识去分析问题、解决问题。因此，化学学科核心素养的培育，核心在于帮助学生建立"宏观—微观—符号"的三重表征思维，确立宏微结合、变化守恒的学科视角，培育证据推理与模型认知等分析问题与解决问题的思路。

学科思维的建立，靠零散的知识是无法达成的，它必须建立在对相关学科内容系统化、结构化认识的基础之上。只有建立起系统化、结构化的认识，厘清相关内容的内在逻辑联系，并在此基础上建构起多样化的认识视角和有序化的认识思路，最终达成统摄性的学科基本认识，才能充分发挥课程内容的认知价值，进而培育学科思维、建构学科观念、培育学科素养。研究指出：只有结构化和功能化的知识才有素养价值。因此，教学组织设计与实施时，只有高度重视学科内容的结构化设计，准确理解内容结构化的重要性，才能提升学生化学认识的结构化水平，从而较好地发展化学学科核心素养。这正是课程标准采用"主题式"组织课程内容的原因所在。

如高中化学"典型金属及其化合物的性质",如果仅仅要求学生记住钠、铁等典型金属单质及其主要化合物的性质,这样的学习,学生只能记住大量事实性知识,无法培育学生基于元素、分类及转化视角看待元素化合物的学科观念,对于素养的培育与发展毫无意义。为转变这种传统课程与教学上的问题,课程标准采用元素观这一大概念来组织统摄,采用"价类二维"元素化合物研究思维指导研究。具体为:基于"物质类别""元素价态""物质转化"的一般思路与方法来指导金属及其化合物的性质与转化的研究,统摄相关学科知识内容,从而拓展与丰富学生"宏观辨识""证据推理与模型认知"等学科核心素养。同时,研究钠、铁等物质及其转化在日常生活和工农业生产中的广泛应用,感受化学学科价值,培育"科学态度与社会责任"素养。[1]

二、学科内容结构化组织的类型

《普通高中化学课程标准(2017年版2020年修订)》指出:内容结构化主要包含基于知识关联的结构化、基于认识路径的结构化[2]和基于核心观念的结构化三种基本形式。它们将按照特定的内在逻辑、采用图表或特定术语的方式,将相关学科内容加以结构化组织统整。由于不同的结构化组织形式所揭示的知识内在逻辑、体现的知识统摄程度不同,因此在素养培育上承载不同的价值。具体分析如下:

(一)基于知识关联的结构化

这是目前化学教师在化学教学尤其是复习教学中使用的最为常见的结构化方式之一。这种结构化的路径,在于将相关化学学科知识按照知识间的逻辑关系来加以组织,体现了关于物质体系及其分类的逻辑关系。

对于知识关联的结构化,其所反映的物质间逻辑关系通常分为层级逻辑关系(从属关系)(图5-6);因果逻辑关系(即化学知识之间存在因果关系,如物质组成—物质性质或反应—物质用途三者间的关系),图5-7体现了氢氧化钙的组成、性质及其应用的因果逻辑;发展逻辑关系(即化学知识之间存在时空发展或数量发展关系),图5-8体现了氢氧化钙与二氧化碳反应,随

---

[1] 房喻,徐端钧.普通高中化学课程标准(2017年版)解读[M].北京:高等教育出版社,2018:181.
[2]《普通高中化学课程标准(2017年版2020年修订)》提出的是"认识思路结构化"。由于对化学的学习研究,同时存在认识角度和认识思路两个维度,为避免混淆,这里采用"认识路径结构化"来替代。

二氧化碳的通入，反应产物的改变等。显然，知识关联结构化所反映的化学知识间的逻辑关系是显性的，教师与学生容易把握，这里不再赘述。

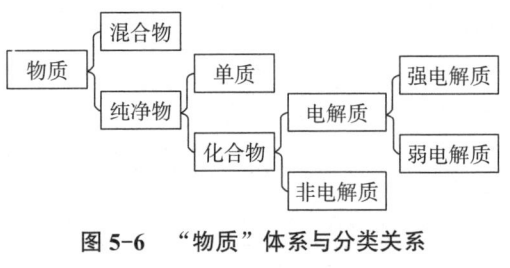

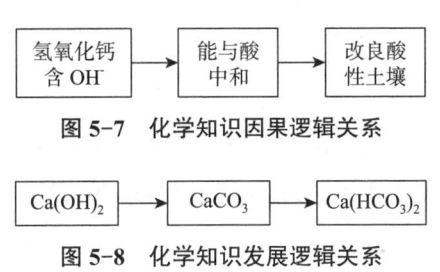

图 5-6 "物质"体系与分类关系

图 5-7 化学知识因果逻辑关系

图 5-8 化学知识发展逻辑关系

（二）基于认识路径的结构化

认识路径结构化是从学科本原对物质及其变化的认识过程的一种概括化。对物质及其变化的认识过程，同时包含认识角度和认识思路两个维度。因此，认识路径结构化，强调从有逻辑关联的多个角度、按内在本质发展的认识思路来开展学习研究，从而建立起对物质及其变化的结构化认识。

1. 化学认识角度及其结构化

化学认识角度，是指"对物质及其变化的特征及其规律进行认识的侧面、角度或切入点"，它回答了"从哪儿想"的问题。例如，在高中必修课程中的"常见的无机物及其应用"，就是强调从物质类型与结构成份物态变化的角度认识无机物质的特征及其变化规律，从原子结构的角度理解化学元素特性以及递变定律，从构成物质微粒、化学键等角度理解常见物质的各种特征，从人类社会结构和生活状态变化的角度观察物质在自然界中的存在状态及其变化规律、物质构成与状态变动中的社会作用及其意义，等等。这里的"从……角度"，便是认识常见无机物的视角。显然，化学认识角度是立足化学研究任务、具有方法论价值的知识。当对认识角度建立起结构化关联时，认识角度之间具有包容、解释、决定、反映等相互关系。这种结构化的化学认识，对学科核心素养的培育具有重要价值。化学教学过程，如能帮助学生建立起如图 5-9 所示的常见无机物认识角度的结构化认识，就能很好地培育"宏微结合""变化观念"等学科核心素养。

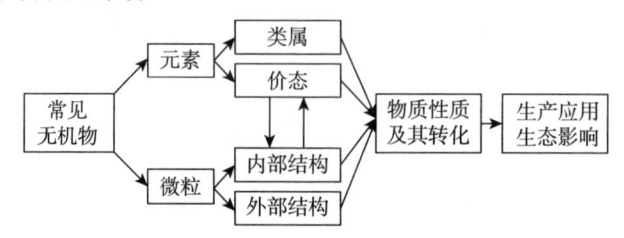

图 5-9 "常见无机物"认识角度及其结构化关系

2. 化学认识思路及其结构化

"从哪儿想""怎么想"是化学学科思维方式内涵的两个重要方面，"怎么想"的实质就属于化学认识思路，其内核指向对物质及其变化的特征与规律进行认识的程序、线路或框架。与认识视角一样，认识思路也具有一般的方法论意义和价值。化学认识思路的建立，将启发和指导学生在面临陌生情境与问题时按照怎样的思维程序与流程去分析、解决问题。认识思路结构化，强调认识过程体现化学学科本质、反映学生认识逻辑。学生建立起结构化的认识思路，正是学生具有学科素养的关键表现。如"元素周期律"的学习，要求学生建立起如图 5-10 所示的原子结构、元素性质及其在周期表中位置三者间的关系。学生建立了这一认识思路，在分析陌生元素性质时，就可从该元素的原子结构入手，进而将元素置于元素周期表中，根据元素所处的位置、结合同主族及同周期元素性质的递变规律，合理地对元素的性质进行分析与推论。

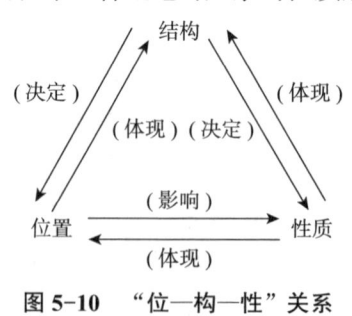

图 5-10 "位—构—性"关系

（三）基于核心观念的结构化

《普通高中化学课程标准（2017年版2020年修订）》指出：基于核心观

念的结构化,"是对物质及其变化的本质和其认识过程的进一步抽象,以促使学生建构和形成化学学科的核心观念"。这一论述该如何理解?如图 5-9 所示,强调从多角度认识物质的性质及其转化,对认识角度进一步抽象,便会发现其本质在于建立起物质组成与结构和物质性质与反应的关系,强调从元素和微粒的水平认识物质及其转化,从而形成"结构决定性质,性质反映结构"的学科基本观念;图 5-10 立足学科本质的角度,也可概括为"结构观"这一统摄性的学科核心观念。无疑,"结构观"的形成,便是"宏观辨识与微观探析"学科核心素养的具体体现。

三、结构化组织的策略

对于前面三种化学知识结构化的分析可知,认知路径与核心观念的结构化是培育学生核心素养的关键。而且,知识关联的结构化是显性的,而认识路径与核心观念的结构化是隐性的。因此,日常教学时,要加强对认识路径和核心观念结构化的研究。而核心观念的建构往往是全局性的,是认识路径的高度抽提与统摄。因此,日常教学中,抓认识路径结构化是关键。日常教学中如何实现认知路径的结构化?核心在于把握如下两个方面。

(一)立足整体,把握课程内容的认识路径

整体把握认识路径,必须认真分析课程内容所内隐的认识思路方法以及各主题内容认识思路方法的内在逻辑(图 5-11)。

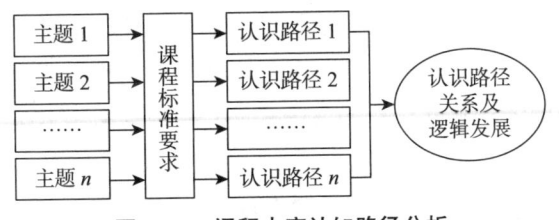

图 5-11 课程内容认知路径分析

高考对必修化学创设了五个方面的主题,力图促进全体学生在这五个方面的化学学科核心素养上得到发展。其中,"化学科学与实验探究"主题,强调认识化学科学及其研究对象,明确科学探究程序,掌握科学研究方法,建立研究物质性质的思路和定量认识工具;"常见的无机物及其应用"主题则强调能从物质类别和元素价态、物质在水溶液中行为等角度对常见物质及

其反应进行分类，预测物质化学性质及变化，设计物质转化路径等；"物质结构基础与化学反应规律"主题，要求根据元素在元素周期表中的位置和原子结构，分析、预测、比较元素及其化合物性质，解释元素性质及其递变规律，能够从反应速率与限度、物质及其能量变化角度认识化学反应；"最基本的有机化合物及其应用"则要求能辨识常见有机化合物分子中的碳骨架、成键方式及其官能团，认识其主要性质，并对能源、材料、环境、健康等问题进行分析与讨论；"化学与社会发展"的主体内容，更关注于通过实际例子，介绍化工科技在人们生产、生活过程中的实际运用情况，并积极地运用化学的理论和方法、绿色化学理论等，分析、研究和解决与工业有关的重要问题。

通过上述分析可见，对于必修化学，不仅强调学生认识物质及其变化角度的丰富完善，而且要求认识思路的纵深推进。具体表现如图 5-12 所示。

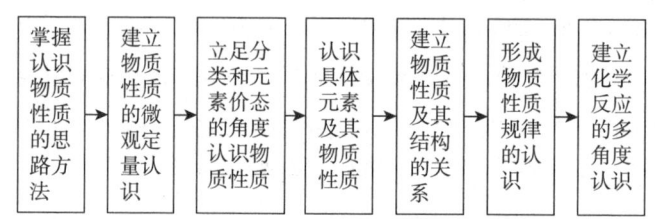

掌握认识物质性质的思路方法 → 建立物质性质的微观定量认识 → 立足分类和元素价态的角度认识物质性质 → 认识具体元素及其物质性质 → 建立物质性质及其结构的关系 → 形成物质性质规律的认识 → 建立化学反应的多角度认识

图 5-12　必修化学课程认识思路的发展

（1）在认识角度上，不仅要求从宏观层面认识物质及其变化，而且要求从微观和定量的角度加以认识；不仅要求从类属的角度认识物质及其变化，而且要求从核心元素价态的视角加以认识；不仅要求认识常见无机物及其应用，而且要求认识常见有机物及其应用；此外，还强调从物质变化与能量变化、化学反应的快慢与限度、化学变化的宏观表征与微观本质等多角度、多侧面系统认识物质的化学变化。

（2）在认识思路上，先让学生掌握化学科学研究的基本程序与方法，进而建立物质性质研究的思路与方法，并指导具体物质性质的学习与把握。在丰富物质性质认识的基础上，要求建立物质性质与结构关系的认识，并建立对物质性质变化规律的认识。最后，丰富和完善对化学反应的认识，进而指导对另一类物质（有机化合物）性质的认识。最终，建立起必修模块物质及其反应的较为完备的认识。

（二）立足单元，厘清单元内容认识路径

立足整体，从课程系统角度分析了认识路径后，在学科教学时，还应立足单元整体的角度细化分析认识路径，从而有利于单元教学的实施。立足单元整体角度的认识路径分析框架如图 5-13 所示，以下结合"氯及其化合物"教学单元来加以论述。

图 5-13　"氯及其化合物"单元认路径

"氯及其化合物"处于"主题 2：常见的无机物及其应用"的"非金属及其化合物"单元中。对于"主题定位"，突出用元素观统领，建构基于"价类二维"的元素观，建构科学的认识思路，形成稳固的物质研究的认识方式，以此指导元素化合物性质及其转化的研究。在此基础上，认识与理解物质性质及其转化的价值，培养学生的问题解决能力、科学精神与社会责任。同时，提出"结合真实情境中的应用实例或通过实验探究，了解氯、氮、硫及其重要化合物的主要性质，认识其在生产中的应用和对生态环境的影响"的"单元要求"，凸显"价类二维"和氧化还原反应原理，预测氯及其化合物的性质及其变化，根据含氯物质的性质及其反应，建构含氯物质的转化路径，制备相关物质，并认识其在生产中的应用及对生态的影响。

结合上述分析可知，本单元的教学价值在于建构科学合理的认识思路，优化元素化合物的认识结构。具体包括：①建立研究物质性质的思路和方法，形成对非金属性质及其转化的理性认识，为陌生非金属及其化合物性质的研究提供认识角度与思路；②根据含氯物质的性质及其在生产中的广泛应用，帮助学生建立从学科（从性质的角度认识物质）、自然（自然界中物质存在形态、转化和含量等）、社会（物质性质的存在形态和应用价值取向等）等三个领域系统认识物质的基本思路；③发展和完善非金属及其化合物的认识深度与广度水平，包含认识非金属与水反应、从微观定量的视角分析非金属及其化合物的反应等。

对于高一学生而言，初中化学学习时已经接触了一些元素化合物，具备利用实验研究物质性质、从分类的角度认识物质性质的基本经验，了解常见物

质的性质、用途、制备、存在及其关系。但立足启蒙化学的角度，学习对象仅限于身边常见的化学物质，且主要从宏观视角、定性水平来认识。此外，虽然初中化学也从学科、自然和社会三个领域认识物质及其转化，但是限于认识水平，大多为识记层次的低水平要求。

因此，教学过程中，确立的认识角度为：①立足学科、自然和社会三个领域学习含氯物质的存在及其性质；②突出类属、氧化还原反应的角度认识含氯物质的性质及其转化；③从微观、定量的角度认识含氯物质的性质及其转化；④理解性质及其转化的深层价值。确立的认识思路为：以生产生活为背景，认识以氯元素为核心的各种化学物质，然后抽取各个类别中含氯物质中的典型物质作为研究对象，研究其相关性质及其制备方法，最后回到生产生活中分析其应用价值或社会影响，从而建立起以元素为核心的物质性质的认识，形成立足学科域、自然域和社会域的组成、性质、制法、用途等的元素化合物知识系统。

第四节　高中化学课堂教学活动系统的设计与规划

开展基于学科核心素养视角下的教学设计，从而培育与发展学生的化学学科核心素养，这是实施高中化学课堂教学的关键。《普通高中化学课程标准（2017年版2020年修订）》指出，化学学科核心素养的发展是一个自我建构的过程，需要学生通过多类型活动、解决多样化问题来开展建构学习。因此，教学设计时，教师应做好教学活动尤其是学习认知活动的系统规划，从而引导学生在问题解决活动过程中逐步提升问题解决能力，发展化学学科核心素养。以下对如何做好学习认知活动的设计与规划加以论述。

一、教学活动系统

化学学科核心素养，是在化学认知活动中建立起来的科学价值观念、必备品质和关键能力，是"三维目标"的综合反映。化学学科核心素养发展训练的核心，也就是指导学生进行合理的化学认知活动。而学生有效认识活动的开展，离不开教师的教学引导。因此，教学活动本质是教师引导学生围绕特定学习任务开展认识活动的过程。根据这一认识活动可知,化学教学设计与规划,目的正是要建立学生的主体化学认识活动,使他们在认识活动中实现对知识与能力、过程与方式、情感态度和价值观等目标的实现,进而培养和开发学生化学专业核心素质。

课堂教学活动包含教师的教和学生的学两类活动,而且课堂教学往往需要解决若干个学习任务。所以,课堂教学活动是围绕若干个化学学习任务开展的系列化的教与学活动系统。其中,每个学习任务及完成该任务所包含的教与学活动是相对独立的教学活动单元。于是,课堂教学实际上是包含多个相对独立的教学活动单元并按一定内在逻辑进行组织的活动系统(图5-14)。

图 5-14　课堂教学活动系统的构成

对于每个教学活动单元,都是为特定教学目标服务的,并在特定情境与任务驱动下教师与学生开展的系列化教学活动。因此,立足于教学系统,活动单元的构成如图5-15所示。当然,对于一个具体的教学活动单元,为达成某一特定的目标(对一节课而言,是一个子目标),需要一个或多个教学情境并指向相应的一个或多个教学任务,而每一个教学任务也可能需要开展一个或多个对应的教学活动。

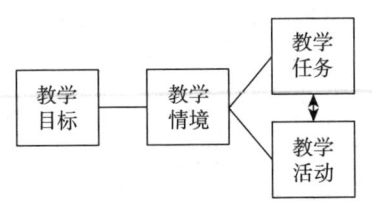

图 5-15　教学活动单元的构成

因此,教学设计时,需要将素养培育目标进一步分解成若干子目标及其对应的若干教学活动单元。在此基础上,对每一个教学活动单元进一步分解,细分为完成教学任务、达成教学目标的一系列教学活动。最后,将每个教学活动单元所包含的全部教学活动按一定的逻辑进行组织,将各个活动单元按照特定顺序予以排列（称之为"教学活动流规划"），从而构成达成具体课时教学目标的教学活动系统。无疑，教学系统的建构，为教学实施奠定基础。

二、教学活动系统的设计与规划

根据前述分析，教学活动系统的设计与规划，核心就是要完成三项任务：一是设计教学活动单元，二是细化教学活动单元中的教学活动，三是教学活动流规划。教学活动系统是由若干活动单元构成的，而不同的活动单元指向不同的教学任务并达成不同的教学目标。教学活动单元是依据特定教学需求设定的、相对独立的活动系统，包含特定的教学目标、教学任务和具有特定发展关系的多个教学活动。教学活动系统的设计与规划总体思路如图5-16所示。下面结合必修化学课程中的"氧化还原反应"来加以说明。

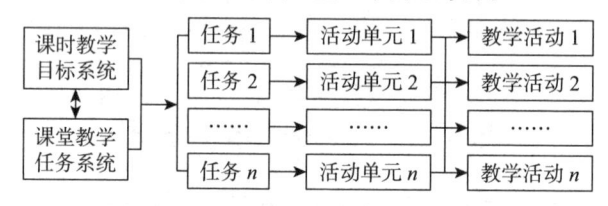

图 5-16　教学活动系统设计与规划思路

（一）教学活动单元设计

根据上述思路，教学活动单元设计的首要任务是将课时教学目标系统转化为包括若干教学任务的课时教学任务系统。如何将教学目标系统转化为系列化的教学任务？一种有效路径是根据学习对象的认识角度来进行分解转化。之前的章节已经指出：认识视角是认识化学对象（物质及其变化的特征及其规律）的侧面、角度或切入点。化学课程强调对化学认识对象从不同视角开展学习研究，有利于建立起多维度、结构化的认识，从而有助于培育学生的学科核心素养。那么，应如何立足认识视角来确定活动单元？

对于"氧化还原反应"第1课时的学习，需要达成认识日常生活中存在的氧化还原现象、认识氧化还原的本质、建构氧化还原反应认识模型并在问题解决过程中感受氧化还原反应的价值的总体目标，从而培育"宏观辨识与微观探析""证据推理与模型认知""科学态度与社会责任"等方面的素养。对于这一目标，总体上对应为认识氧化还原反应的存在、本质及其应用等三个角度（侧面）。依据这样的视角，可将目标转化为包含三个相对独立学习任务的课时任务系统：一是认识日常生活中氧化还原反应的存在；二是认识氧化还原反应的本质；三是应用氧化还原原理解决生产生活中的化学问题。三个认识任务及其认识活动，便构成三个活动单元。

不难看出，教学活动单元的划分与设计，对于教学活动系统的设计而言是宏观的、粗线条的。这一划分与设计，主要立足于课时系统的视角，将教学活动按照大的学习任务块，划分为几个相对独立的教学活动单元。值得注意的是，虽然教学活动单元划分与设计是粗线条的，但是教学活动单元确立后，课堂教学活动的整体框架已经搭建起来，因而对教学系统设计具有非常重要的意义，教学设计时务必认真做好此项工作。

（二）活动单元中教学活动的细化

确立了活动单元后，便要根据教学目标任务来设计序列化的、具体的教学活动。这一设计，是要将认识任务进一步细化，转化为更小的、学生易于解决的小任务。在此基础上，根据分解后的小任务的特点与要求，安排活动的内容与方式（简称"活动元"），从而实现从解决小问题到解决大问题，完成活动单元的任务并达成相应的教学目标。以下以"氧化还原反应"的"活动单元二"为例加以说明。

"活动单元二"的任务是"认识氧化还原反应的本质"，并在认识本质的基础上建构起氧化还原反应的认识模型。这一学习任务的解决，需要以"活动单元一"的学习认识为基础。在"活动单元一"中，学生已经认识到日常生活中存在的一些氧化还原反应，并能够从反应物的角度（O_2参与反应）来认识氧化还原反应。在此基础上，可引导学生分别从氧元素化合价变化的角度、反应中电子转移的角度来认识氧化还原反应。对于这样的认识角度，可转化为相对应的两个学习任务和学习活动，每一个活动解决一个学习任务，最终建立起氧化还原反应的本质。

基于前述氧化还原反应本质的认识，可呈现更多的、没有氧气参与的化学反应，要求学生分析判断所呈现的反应是否属于氧化还原反应并说明理由。这一教学活动的开展，将有助于学生建立起分析陌生氧化还原反应的认识模型，并为"活动单元三"认识活动的开展奠定基础。上述单元教学活动的设计，其过程路径如图5-17所示。

```
活动目标——  →  任务1.从化合价变化     →  活动1.分析氧化还原反
认识反应本质      角度认识氧化还原反应       应中氧元素价态变化
建构认识模型  →  任务2.从电子转移的     →  活动2.交流讨论氧元
                  角度认识氧化还原反应       素价态发生变化的本质
              →  任务3.建构氧化还原反   →  活动3.判断陌生反应是
                  应的认识模型              否为氧化还原反应
```

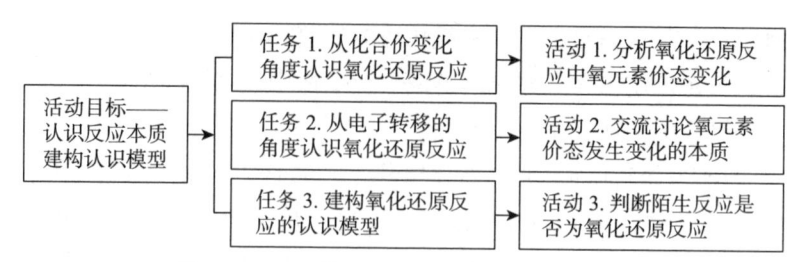

图 5-17 活动单元中"活动元"的设计路径

图 5-17 中细化的教学活动，主要提出了活动的任务与内容，对于教学活动设计，还需要根据任务特点、学生实际和素养培育需求，考虑教学活动（尤其是学生的学习活动）方式。根据素养培育的要求，在教学活动设计时，应注意采用多样化的活动方式，以"引导学生开展分类与概括、证据与推理、模型与解释、符号与表征等具有学科特质的学习活动……引导学生通过小组合作、实验探究、讨论交流等多样化方式解决问题"[①]。

和教学活动单元的宏观、粗线条设计相比，活动单元下的教学活动设计则属于微观、精细化的。这应该是教学系统设计的关键工作。只有做好微观、精细化的教学活动设计，才有利于教学任务的有效解决、教学目标的精细达成，同时提高课堂教学活动的可操作性和可监控性。这往往是新手教师和有经验教师教学设计的重要区别所在。

（三）教学活动系统中教学活动流的规划

通过前面两个过程，将实现活动单元的设计以及活动单元中"活动元"的设计，至此，教学活动系统应解决哪些任务，安排哪些活动以解决相应的学习任务、达成教学目标已一目了然。然而，教学活动系统设计工作并未完成，还应对学习活动的先后顺序进行整体性的规划安排，从而使教学活动开展不仅符合学科逻辑，而且符合教学逻辑和学生认知逻辑。教学活动系统只有同时符合前述三种逻辑，教学才能得到有序开展，教学目标才能得以有效达成。那么，对于前面设计的"活动元"如何统整规划，从而形成符合三种逻辑的教学活动流？一种有效的思路是以化学认识思路来指导规划。

化学认识思路，是指学生对化学认识对象（物质及其变化的特征及其规律）进行认识的程序、路径和框架。由于化学认识思路一旦建立，学生就能遵

[①] 中华人民共和国教育部.普通高中化学课程标准（2017年版）[M].北京：人民教育出版社，2018：74.

循相应的认识程序、路径或框架去审视陌生的化学事物、解决相关的化学问题，因此，《普通高中化学课程标准（2017年版2020年修订）》中特别强调，采用大范畴统摄教学内容以训练学生的化学意识观念，这将有助于学生培养化学观念、形成学科价值观，以便最后达到对化学学科核心素养的全方位训练。如物理与化学课程，根据"从微观层次上认识物质、以符号形式描述物质、在不同层面创造物质"的学科特征，强调建立"宏观—微观—符号""结构—性质—应用"等具有学科特质的认识思路与学科思维方法。此外，还强调利用认识规律指导认识活动的开展，建构化学对象的认识活动（如"从生活走进化学、从化学走向社会"）等。毫无疑问，这些社会认知思考方式对于化学事物及其社会转变活动中的特征与规律的研究与探讨，具有非常重要的指导作用，并对于培育本科生化学专业基本素养具有非常重要的作用。

如何规划"氧化还原反应"第1课时三个教学活动单元的先后顺序？前面已指出，本课确立了认识生产生活中氧化还原反应的存在、认识氧化还原反应的本质、应用氧化还原原理解决生产生活中的化学问题的活动单元。对于这三个单元的学习活动顺序，按照认识生产生活中氧化还原反应的存在、认识氧化还原反应的本质、应用氧化还原原理解决生产生活中的化学问题的先后顺序来组织，显然是非常合适的。因为，这一组织顺序符合"从生活走进化学、从化学走向社会"的认识思路。这一认识思路，不仅体现了学生的认识规律（从身边熟悉的事物入手，进而提炼一般性的认识），而且体现了化学学科的价值（解决生产生活中的问题以促进社会可持续发展）。

对于活动单元二的三个认识活动（"活动元"），按照"活动1.分析氧化还原反应中氧元素价态变化""活动2.交流讨论氧元素价态发生变化的本质""活动3.判断陌生反应是否为氧化还原反应"的顺序来组织安排，是符合学科本质和认识规律的。从基于氧气参与反应、基于氧元素参与反应、基于元素化合价变化到基于电子转移认识氧化还原反应，体现"宏观—微观""现象—本质"的化学认识思路，也符合"特殊—一般"的普遍认识规律。

显然，对教学活动系统设计而言，教学活动流的规划属于"点睛之笔"。教学活动系统设计时，只有建构起符合学科逻辑、教学逻辑和学生认知逻辑的教学活动流，教学活动才能得以高效推进，并帮助学生建立起结构化的系统认识，从而为化学学科核心素养的培育奠定坚实的基础。这往往是专家型教师在教学设计时的高水平体现。

三、教学活动系统设计应注意的几个问题

前述主要立足于课时的角度，对如何开展课时教学活动系统的设计与规划进行了分析，教学设计时，虽然关注从化学对象的认识视角与认识思路来进行整体规划并构建符合学生认知、学科逻辑的教学活动系统，但是对于素养培育与发展的需要而言还不够。为此，教学活动设计与规划时，还应注意以下几个方面。

一是学科核心素养的培育，强调从教学单元乃至学科主题的整体视角来循序渐进地开展。这就强调教学设计时，不能仅仅局限于课时的"局部"来开展，而应树立"整体教学设计观"，立足教学单元乃至学科主题来开展教学活动系统的整体性设计，立足"整体教学设计观"的教学设计，强调充分发挥化学核心概念的统摄作用，注重学习发展进阶的要求，构建教学活动的任务系统和与之相匹配的活动系统，从而实现在系列化的系统活动中掌握结构化的知识，实现化学知识的功能化和素养化。

二是学科核心素养的培育，离不开真实、具体的问题情境。因此，教学系统设计应综合考虑情境、任务与活动的匹配性。只有注意到三个方面的匹配，才能充分发挥教学情境对核心概念和学科观念的建构价值、迁移运用价值。所以，教学设计时，还应根据学科核心素养的培育目标、学习活动的任务要求，开发遴选化学史实、STSE（科学、技术、社会、环境）等情境素材，以驱动学生结合情境素材、围绕学习任务开展相应的学习活动，从而发挥教学情境的建构价值与迁移应用价值。对于情境素材的开发遴选及使用，前已有所介绍，这里不再赘述。

三是教学活动设计时，还需要关注学习活动任务与学习活动方式的匹配性，充分发挥学习活动的素养培育功能。如"氧化还原反应"第 1 课时教学时，为帮助学生感悟化学学科价值，培育与发展"科学态度与社会责任"学科核心素养，需要学生运用氧化还原反应认识模型来分析解决相关问题（学习任务）。为此，教学设计时，可安排学生以小组合作的方式开展汽车尾气综合治理方案的设计活动（小组合作、方案设计等为学习活动方式）。这样的设计，确保素养目标—学习任务—活动方式三者的匹配性，能很好地发挥学习活动的素养培育功能。

此外，为落实"教、学、评"一体化的要求，教学活动设计应包含教学评

价的设计，并确保教学目标与评价目标、学习任务与评价任务、学习方式与评价方式的整体性与一致性。只有如此，才能充分发挥评价促发展的功能，有效达成学科素养培育的目标。

第五节　高中化学课堂的学习评价设计

为了更好地促进学生的全面发展，我们需要建立一个完善的考核体系，以便更好地衡量他们在化学领域的表现。这个体系的建立，将有助于我们更好地了解和掌握课程的内容，并帮助他们在未来的学习中取得更大的进步。为此，《普通高中化学课程标准（2017年版2020年修订）》将着重进行基于化学学科核心素养下的课堂教学的课堂教学与学业评价。开展基于化学学科核心素养培育下的课堂教学的学习评价，其核心工作在于准确研制测评目标，并以此为指导开发评价任务（图5-18）。在此基础上，结合教学环境与流程，灵活运用多样化的评价方式进行评价，从而诊断与监测学生素养发展状况，并为教学决策提供依据。以下以高中必修课程"离子反应"为例来加以论述。

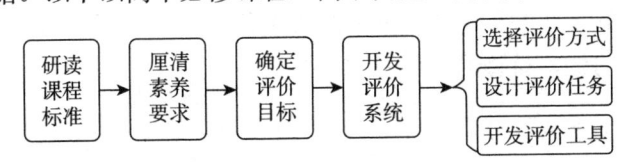

图5-18　基于化学学科核心素养培育下的课堂教学的学习评价开发流程

一、研制测评目标

研制测评目标是开展基于化学学科核心素养培育下的课堂教学的学习评价设计的首要工作。而测评目标的确立，实际上就是明确课程标准所规定的、学生通过学习应达成的化学学科核心素养水平。因此，开展基于化学学科核心素养培育下的课堂教学的学习评价设计，必然要认真研究课程标准，结合具体课程内容及其相应的"内容标准"和"学业要求"等，将课程标准规定的、具有高度统摄性和抽象性的素养发展要求进行解析，进而转化为具体的、可检测的评价目标。

（一）研读课程标准

《普通高中化学课程标准（2017年版2020年修订）》将"离子反应"这一课程内容安排在高中化学必修课程"主题2：常见的无机物及其应用"中，并提出要求（表5-3）：

表5-3　"离子反应"的单元教学要求

内容标准	教学提示	学业要求
通过实验事实认识离子反应及其发生条件，了解常见离子的检验方法	发挥核心概念对元素化合物学习的指导作用；探究离子反应实质及发生条件、溶液中离子的检验	能利用离子反应等概念对常见反应进行分类和分析说明；能用离子方程式表示典型物质的主要化学性质；能有意识地运用所学知识或寻求相关证据参与社会性议题的讨论

因此，本单元教学要求有如下方面：①认识离子反应的本质与发生条件；②了解常见离子的检验方法；③能正确书写离子方程式并用离子方程式表示典型物质的主要化学性质；④发展对复分解反应条件、常见酸碱盐的性质、化学反应分类等的认识；⑤建立从微粒及其相互作用角度研究水溶液系统的思路方法；⑥认识离子反应在实际生产、生活中的应用，发展运用化学知识寻求证据参与社会性议题解决的学科意识。其中，前三项侧重于学科基础知识、基本技能的学习与掌握，而后三项则强调学科基本思想的建立、基本活动经验的提炼以及学科价值的认识与感悟。

（二）厘清素养要求

《普通高中化学课程标准（2017年版2020年修订）》提出了五个维度的化学学科核心素养，这些素养是通过化学课程学习而建立起来的分析问题、解决问题的关键能力及必备品格，是课程三维目标的综合表现。通过"离子反应"单元学习，可以培育与发展学生哪些方面的核心素养？

"离子反应"单元内容的学习，要求通过相关实验活动及实验事实（如电解质溶液反应前后对应溶液导电性实验等现象）等认识离子反应的本质与条件等，并学习使用离子方程式加以表征；在此基础上，发展学生对物质及其变化分类、物质组成与性质的关系、电解质溶液反应本质等的认识，并建构起微观视角认识水溶液系统的思路方法。因此，本课的学习，能够很好地培育与发展实验探究能力、"宏观—微观—符号"三重表征的学科思维、物质组成决定性质及微粒作用观等学科观念，因而能够很好地培育"证据推理与模型认知""宏观辨识与微观探析""科学探究与创新意识"等化学学科核心素养。

除了熟悉离子反应的原理，我们还需要让学生深入了解其他的有效技术，如物质的分析、污染的控制、资源的再循环使用，以及它们如何被运用到日常的工作和生活当中，从而更好地体现出化学的重大作用，并培养他们运用所学的知识来解决现代问题的能力。通过"科学精神和社会责任"课程的教授，可以显著提升学生的"科学精神和社会责任"综合素质。

（三）确定评价目标

如上所述，"离子反应"的核心概念具有重要的学科价值和社会价值，其概念建构过程对于促进学生理解力的发展具有价值。进一步分析上述素养要求表明，学习本课程内容的三个主要方面是：第一，通过实验活动，了解离子反应的性质和条件，培养科学探究能力；第二，通过对水溶液中的一般反应、酸、碱、盐的微观分析，建立从微观角度认识水溶液中物质相互作用的方法；第三，利用离子反应的性质和条件解决与生产、生活相关的问题，提高对化学学科价值的认识和了解。

为了更好地学习和掌握离子反应的知识，在课堂上应将重点关注以下几个方面：①通过对具体化学反应微观本质的探究活动，诊断并发展学生实验探究的水平（定性和定量）、对化学反应的认识进阶（宏观水平和微粒水平）；②结合对某一溶液体系中具体反应的微观过程与结果的分析，诊断并发展学生分析物质在水溶液中行为的认识思路的结构化水平（视角水平、内涵水平）；③通过分析废水对环境的危害及废水处理方案，诊断并发展学生对化学价值的认识水平（学科价值视角、社会价值视角、学科和社会价值视角）。通过深入研究和实践，培养学生用化学知识来探索和分析问题，并以此为依托，积极参与到社会问题的讨论和研究之中。

二、开发评价系统

在确定评价目标之后，我们需要开发一个能够有效监测和评估学生表现的评价系统。这就需要我们根据学生的实际表现来进行推理和判断，并且这也是学习评价设计的一项重要任务。在开发评价系统之前，必须全面分析评价目标所涉及的学习成果的类型、特征和要求，以便确定最佳的评价方式、设计出最合适的评价任务，并制定出完善的评价规则，以确保最终的评价结果能够满足预期的要求。

（一）选择评价方式

选择适当的评估方法，重点在于它们能够准确地反映出学生的学习成绩。学科核心素养实际上表示了我们的学术思想和技巧，它可以帮助学生了解和处理各种不同的知识领域。因此，教师应该避免仅仅依靠知识的成绩作出衡量，而应该从实际的应用出发，通过考查学生的实际行动和实践能力，来衡量他们的核心能力。这样，教师才能更好地了解他们的能力，从而更有针对性地进行培训。在化学学科核心素质的指导下，我们应该更加注重以表现性评估为主的学习评估，以便更好地激发和促进学生的发展。

表现性评估旨在真实情境中，根据学生完成复杂任务的行为和结果，对其进行客观、公正的判断。这种方法包括：完成论述题和问题解答题，运用适当的技巧来展示某一技能，进行实验和调研，进行口头和肢体语言的交流，完成课题（或项目），从而对学生的学习成果进行准确的反馈。根据每种任务的特征，对其进行的评估都会存在显著的差异。因此，在确定评估的具体实施方法之前，必须充分考量其评估的目的和对象的特征。

通过上述三个试验项目的主要特征和要求，学生可以选择表述型任务来进行评估：①要求学生组织、运用实验方法，并对结果进行合理解释，这些任务可以采用表述性任务的形式；②通常要求学生根据特定的过程和思路，将问题分类、处理，并将其转化为一个模拟实际情境的纸笔任务，以展示学生的问题解决能力，以检验他们是否已经建立起微粒作用观的认知思路和结构化水平；③通过采用项目（或课题）的表现性任务的形式，可以更好地检验学生的学习效果。通过收集、整理和分析相关资料，让学生撰写一篇详尽的研究报告，以此来深入探索化学的真正价值，进而提高他们的理解能力。

（二）开发评价工具

使用高效的评估工具能够帮助教师衡量学生在完成目标中的进步，并为他们提供一个清晰的目标方向。这在评估过程中至关重要。特别是在进行表现型评估时，由于这类课程的内容通常都有很多变化评价涉及必要的主观判断，还需要开发评价工具来指导评价，确保评价合理可靠。评价工具的开发既要遵循评价目标和评价方法，又要易于评价。本次评价拟采用最有效的衡量绩效任务中复杂能力的"评分规则"作为评价工具。

"评分规则"通常以表格形式展示学生在完成特定表现任务时的表现水平，主要包括表现维度（即学生的主要表现）、表现水平等组成部分。

开展基于化学学科核心素养培育下的课堂教学评价，是培育学生学科核心素养的一项关键工作。尽管近年来，我们已经开始着手探索以化学学科核心素养为导向的课堂教学评估，但是目前还没有一种能够有效地衡量学生的思考能力和创新能力的标准和方法，这一领域的发展仍有待进一步探索。以"离子反应"为例进行了探讨，但许多细节问题（如何制定合适的评价目标、如何设计有效的评价任务、如何制定合理的评价标准等）仍需进一步研究，进一步讨论，更需要在教学实践中不断完善。

第六章

基于化学学科核心素养下的高中化学教师教学能力的提升

第一节　教学关键能力及其提升路径

第二节　增进对化学学科的理解

第三节　提升教育教学认知素养

第四节　培育学情分析诊断能力

第五节　课堂教学监控能力培育

第六节　培育与提升教师的课程意识

第一节 教学关键能力及其提升路径

目前，课堂教学仍是培育学生学科核心素养的主渠道，课堂教学效果如何，直接影响学科核心素养的培育。课堂教学效果的有效提升，受制于教师教学能力尤其是教学关键能力的发展水平。教师教学关键能力水平越高，越有利于学科核心素养培育目标的达成。因此，提升教师教学关键能力成为学科核心素养培育实践落地不可回避的一个问题。为此，有必要开展教师教学关键能力内涵、框架及提升策略的研究，从而更有针对性地促进教学关键能力的生成与培育，以便更为有效地开展基于化学学科核心素养培育下的课堂教学实践活动，确保学科核心素养培育实践落地。

一、课堂教学活动及其行动指南

（一）课堂教学活动的流程

根据教学系统论，课堂教学系统构成要素主要包括教师与学生、教学媒介（即教学信息的载体或信息传输的通道）和教学时空等。课堂教学的本质，是教学系统中教师与学生、学生与学生、学生个体借助教学媒介在一定教学时空内进行的互动；互动的结果，是学生学科核心素养得到应有的培育与发展。因此，有效的课堂教学，有赖于学科核心素养培育目标指引下执教者的科学教学设计，即教师对课堂环境中师生活动系统的合理规划（包括师生间互动的目标与对象、互动的时空与方式、互动的预期结果等）。在此基础上，教师按课前预设的活动方案，组织师生在特定的教学时空中开展活动，并对教学活动的过程与结果进行有效的监控、评价与反馈。监控时，若发现课堂师生等活动能够达成预期的素养培育目标，则进入下一个教学环节，开展新一轮的教学活动。否则，应对课堂预设的活动方案进行重新规划与实施，直到完成既定的教学目标。其过程如图6-1所示。

图 6-1　课堂教学的操作流程

（二）课堂教学的行动指南

教学任务与活动规划，是教师基于个体教学行动理念来支配与决定的。而教师的教学行动理念，是教师在教学实践中培育与发展起来的、指导教学行动的思想观念或活动指南。它源自教师对教学系统要素的现状、彼此之间的关系、课程目标及达成路径以及教学实践经验等方面的理解与推演，进而建立起来的对教与学本质及条件等教育教学理论的认识、对所教学科的特质及教学内容功能价值的理解、对所教学生已有的认知经验与水平的把握。当教师建立起相应的教学行动理念之后，将以此为行动指南，指导课堂教学任务与活动的规划（图 6-2）。

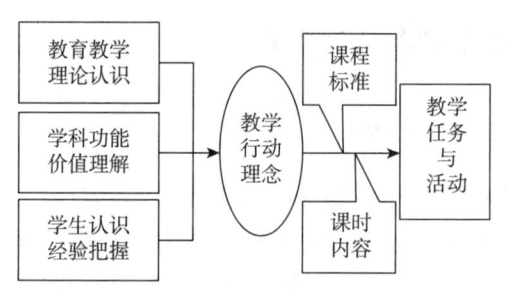

图 6-2　教学行动理念与课堂教学规划

（三）课堂教学活动与行动理念的关系

显然，教学任务与活动规划，教学活动组织与实施，活动过程与结果的监控、评价与反馈属于课堂教学的外显行为，可以通过对教师的教学设计的阅读与课堂教学实施行为的观察而直接感知。而指导教学设计规划、实施与监控活动开展的行动理念，则是无法直接观察而需要结合课堂组织实施行为来分析推演的，因而属于教学内隐的认识思维。这两个方面共同影响着课堂教学，而且内隐的认识思维直接对外显的教学行为起支配与制约的作用。

二、教学关键能力框架的建构

（一）教学关键能力的内涵

教学关键能力从属于教学能力范畴。由于教学活动的复杂性，因此教学能力不是单一的能力，而是由一系列制约教学效果与教师专业发展的能力构成的能力系统。这里所谈的教学关键能力，是指教师在教学专业活动中发展起来的对课堂教学活动的有效开展起制约和支配作用的重要能力，它不仅源于教师对教学问题（尤其是课堂教学中的问题）的解决，还是教师解决教学问题水平的表现。因此，教师的教学关键能力的高低，直接影响课堂教学对学科核心素养培育与发展教学目标的达成情况。因此，实施基于化学学科核心素养培育下的课堂教学，必须提升教师教学关键能力。

根据教育教学理论可知，教学问题解决机制如图 6-3 所示。这一解决机制，将涉及教学问题识别（教师根据相关教学理论对教学中的相关问题进行分类与判断）、教学问题分析（教师对教学问题产生的根源及问题要素间关系的揭示）、教学问题解决方案制订（教师根据问题的特征、产生的动因及要素的关系等规划教学行动方案、设计问题解决路径）以及教学问题解决过程与结果监控（教师根据教学中师生行为表现及其活动结果，监控与评价教学是否依据问题解决方案并得到相应的结果）。因此，从教学问题解决过程要素上看，教学关键能力应当包含教学问题识别的能力、教学问题分析的能力、教学问题解决方案设计的能力以及教学问题解决过程监控的能力等方面。

图 6-3 教学问题解决机制

（二）教学关键能力的构成

前已指出，课堂教学包括外显的教学行为和内隐的行动理念。从教学问题解决的核心环节与基本路径看：外显的教学行为对应着教学问题解决方案的规划、执行以及对问题解决过程与结果的监控，突出问题解决过程"应该怎么做"的操作层面问题；而内隐的行动理念则指引着教师对教学问题的识别、对教学问题的分析、对教学问题解决方案的规划以及对问题解决过程与结果的监控，突出问题解决过程"为何这样做"的理论层面问题。

显然，内隐的行动理念直接决定并监控外显教学行为的开展，而外显的教学行为则是内隐行动理念的外在表征与反映。这两个方面的协同作用，共同促进并实现教学问题的有效解决，是达成学科核心素养教学目标的根本保障。为此，结合教学关键能力是教学问题解决能力的本质特征，提出包含教学决策能力及教学执行能力的"二维六项"教学关键能力系统（图6-4）。具体分析如下。

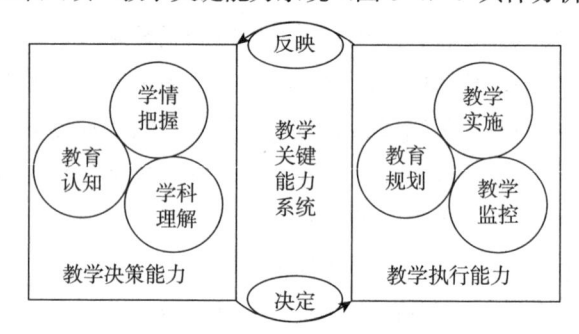

图6-4 教学关键能力系统及相互关系

1. 教学决策能力

教学决策能力反映着教师鉴别与分析教学问题、规划并监控教学问题解决方案的水平。教学决策对应着教学问题解决过程"为何这样做"。而教学问题解决"为何这样做"，取决于教师的教学实践性知识。所谓实践性知识，是教师在教学过程中基于自己的教育认知、学科理解和学情把握等方面建构起来的指导教学行动的认识与经验。因此，可将"教育认知""学情把握"和"学科理解"等纳入"教学决策能力"范畴。

所谓"教育认知"，是指教师个体对教育教学本质与条件、教学过程中师生的角色及地位作用、课程资源的功能与价值等的理解与认识，是教师个体"教学观""师生观"及"教材观"的反映；"学科理解"是指教师对学科性质、课程内容、课程结构、学科思维以及课程目标的理解与认识，反映教师个体对课程育人价值的把握与追求；"学情把握"是教师个体对学生整体认知情况（包括已有的知识经验水平与建构的认知思维方式等）的理解与认识，是教师教学起点行为确立与教学目标制定的关键依据。

无疑，教师的教育认知、学科理解和学情把握的能力与水平决定着学科课堂教学如何开展，是课堂教学活动规划、组织实施与评价监控的决策依据。

2. 教学执行能力

课堂教学的开展，基于教师个体的教育认知、学科理解和学情把握，结合课时教学要求并在教学目标确立基础上，规划教学任务与活动、组织与实施教学活动并对教学过程与结果进行监控、诊断与评价。因此，这里将"教学规划""教学实施"与"教学监控"等三个方面的能力纳入教学执行能力范畴。

其中，"教学规划"指向课堂教学过程中教师将开发哪些课程资源、设计哪些学习活动、规划怎样的学习流程等；"教学组织"则主要指课堂教学中教师如何创设情境并设置怎样的任务以引导教师与学生、学生与学生、学生与媒介等开展互动；"教学监控"对应为教师如何基于教学目标与任务，对课堂教学中"师—生"互动情况和教学过程规划、教学目标达成相关性做出监控、反馈与评价，并基于"师—生"互动过程的课堂形成情况，及时调整课程计划、教学设计目标等。

三、教学关键能力的实践提升

教学关键能力属于教师教学活动过程中发展与丰富起来的教学实践性知识，是教师课程教学知识学习、教育教学实践活动和教学问题分析解决等教学实践的产物。这一能力的提升，不仅有助于激发教师专业成长的动力，而且有助于教师从依赖专家走向自主成长，还有助于教师从经验教学走向理性教学，进而实现由经验型教师成长为专家型教师。教师教学关键能力的提升，有助于教师理解学科育人价值，自觉将培育学科核心素养作为教学追求；有助于教师认识教育教学规律、学科认识规律和学生认知发展规律，并遵循这些规律开展基于化学学科核心素养培育下的课堂教学的课堂教学，从而充分发挥学科育人功能，有效培育学生学科核心素养。

不难发现，教师教学关键能力的生成与发展是一个经历储备化、策略化和应用化三个阶段循序渐进的过程。在储备化阶段，教师根据教学需要，有目的地学习教育教学相关理论，从而为教学活动储备"物质"基础；在策略化阶段，教师将内化了的教学理论转化为行动策略，以指导具体教学活动的开展，并不断丰富与自动化；在应用化阶段，教师将自主建立的教学行动策略应用到具体的教学实践活动中，并在实践中检验、完善和发展。为此，教学关键能力培育路径主要有两条。

(一) 加强学习与研修

没有一定的教育教学理论基础，没有对学科课程的深入研究，没有对不同阶段学生认识与思维水平的总体认识，教学决策能力的培育与发展将失去应有的基础，自然也不可能产生科学的教学行为。为发展教学关键能力，教师需要开展理论学习与研修。这就强调教师要深入开展教育教学理论的系统学习，掌握教与学的理论与规律、学习的机制与本质；开展学科课程性质、课程目标、课程结构、课程内容体系的研究，增进对学科本质的理解与育人价值的认识；结合文献和课堂教学实践开展学生认知情况、思维特点与学习障碍等的研究与梳理，从而准确把握学情。

(二) 在实践中总结提升

教学关键能力是教师教学实践的产物，是基于教学实践性知识建构而发展起来的解决教学问题的重要能力。因此，教学关键能力的培育与发展离不开教学实践。这就强调教师应结合自己和他人的教学实践活动，根据自己的理论学习和实践经验，认真开展教学诊断与反思活动。在教学诊断与反思活动中，应抓住具体教学实践活动中的"关键教学事件"（能够引发自己关注与反思并能促进改变认识和行为的教学事件[①]），并通过提炼事件中的教学问题，思考并解决教学问题。随着教学诊断与反思活动的深入开展，学习与研修习得的理论性知识将不断得以内化，教学实践性知识将不断得到丰富、完善与发展，教学问题的解决能力将不断得到提升，于是教学关键能力将得到很好的培育与发展。

在后续的内容中，还将结合具体的能力要素，进一步重点探讨如何在实践中提升教师的教学决策能力和教学执行能力中的教学监控能力等。

第二节 增进对化学学科的理解

化学课程的学习过程，是学生在教师帮助、同伴互助下，掌握化学知识、

[①] 邵珠辉，李如密. 教师专业发展视域下的教学关键事件 [J]. 教育科学研究，2010（10）：62-64.

培育关键能力、发展化学学科核心素养的过程。这一过程，教师发挥着非常重要的指导与引领作用。教师要更好地发挥作用，必须增强对化学科学的认识、对化学核心素养内涵的理解、对化学科学育人价值与化学核心素养关系的把握。因此，高中化学课程应将重点放在培养学生的综合能力上，让他们能够全面地把握化学的基本概念、实践技能以及相关的社会责任感，以便他们能够充分地体会到这门课的重大意义，并且能够积极地去实践它。

一、为何强调增进学科理解

化学专业核心素质指在相应化学课程学习过程中所发展出来的具备一定专业素质的良好价值观念、必要品德和基础技能。核心素质的第三个层面，实际上包括了在化学专业学习和探索过程中，成长出来的理解化工事实和问题的思考方法、培养出来的研究和处理化学现象的技巧，以及所产生的情感方式和价值导向等。

我们知道，每一门学科有着自己的认知目标与研究使命，所以形成相对独立的学科。各个学科正是因为认知目标与研究使命各不相同，所以在理解科研目标、处理相应课题上，需要相应的认知方法与科研手段，从而形成了不同的科研视野与学术观念，产生对客观事物特殊的理解，形成相应的必备品质与价值观念。所以，各个学科都承担着培育人类不同关键才能、人格素养和价值导向的重要作用，也承担着人类不同的教育价值，进而培育不同的学术核心素质。也就是说，学科的认知对象、学科的研究目标和学术认知（学习）的模式，都制约了学术核心素质。[1]

为了更好地掌握化学课程的核心素养，化学老师需要不断地提升自身的理解能力，这种能力可以通过系统性、结构化的理解，如审视客观事物、分析过程、探究问题，以及在现代教学思想的指导下，更加深入地认识教学过程，从而更好地培养学生的核心素养。只有深入理解教学内容，掌握学科的本质特征，深入探究学习目标和任务，深入挖掘学习思路和方式方法，清楚地认识学科的功能意义，才能够准确地把握学科的基本功能，培养学生的素质，并且采取恰当的认知方式，促进学生的基本意识、必备素质和价值观念的形成，从而使学科的基本素养得到充分的发挥。

---

[1] 成尚荣.回到教学的基本问题上去[J].课程•教材•教法，2015（01）：25.

二、化学教师对化学科学应有的基本理解

作为一名化学教师，我们需要深入了解化学科学，包括它的基础知识、认识论知识以及核心概念。通过这些努力，我们可以建立一个完整的化学知识体系，并且能够更好地理解化学科学的基本概念、研究领域、目标以及实现这些目标的方法。

为了更好地理解和掌握化学，我们必须深入探索它的核心概念，以及它的发展历程。只有深入理解它的核心概念，才能真正把握它的发展脉络，并且能够更好地运用它来指导我们的日常生活。由于不同的学科拥有不同的认知目标，从而导致它们在探索的核心概念、实现的手段、技术水平上存在显著的不同。这些不同恰恰体现了各个学科的独特性和重要性。以下主要从三方面加以论述。

（一）化学研究对象与基本问题

《普通高中化学课程标准（2017年版2020年修订）》强调"化学其特征是从微观层次认识物质，以符号形式描述物质，在不同层面创造物质"。[1] 因此，化学科学家们致力于探索化学物质，深入了解它们的组成、结构、特征及其相关应用，以期望能够为人们提供更多有价值的知识，促进当代社会文明及科学技术的发展。

研究物质的性质和应用，以及创造新的物质，都需要通过化学变化来实现。因此，物质及其转化是化学科学的核心。为了深入了解物质及其转化，我们必须首先解决"有什么"或"是什么"中提出的问题，从而探索出它们的运行规律。基于对"为什么"的深入研究，化学科学试图从原子和分子的角度探索物质的运动规律，以建构科学理论，以解释这些现象。因此，它不仅仅是一种客观存在的现象，而是一种深刻的理论探索。因此，深入研究物质及其转化的规律，构建科学的理论框架，已成为化学科学发展的两大重要课题。[2]

（二）化学研究方法与学科思维

随着时代的发展，人们越来越深入地理解和解决各种问题，而化学物质的

---

[1] 中华人民共和国教育部.普通高中化学课程标准（2017年版2020年修订）[M].北京：人民教育出版社，2020：1.
[2] 梁永平.论化学教师的课程知识及其发展[J].化学教育，2012（06）：3-4.

多样性和复杂的变化规律，也成为我们探索这些规律的重要依据。为了更好地理解化学物质的性质，我们需要借助多种方法，如实验、观察、研究、数据分析等，将所获得的信息进行加工、整合，从而形成实质性的联系，从而更好地理解化学活动的本质。通过科学的实验，我们可以获得准确的结论，这也是化学科学认识的基本活动。实验是化学探究的重要组成部分，它不仅是化学发展的基础，也是科学进步的推动力。

因为物质是由原子、分子等粒子组成的，所以物质的性质、规律及其变化总是与组成粒子的关系类型和方式有关。这就是说，物质的规律及其变化是物质微观结构的反映。因此，化学要解释物质及其转化的事实和规律，必须从分子、原子的微观层面出发，依靠观察到的物质的事实和转化及其规律，利用各种化学模型和符号来描述和解释化学现象，并最终建立物质及其转化的科学理论。

因此，为了深入探索物质及其变化规律，建立起一套完整的科学理论，我们必须利用观测、实验等科学方法，从宏观层面出发，对分子、原子的微观结构进行分析，并利用化学符号和模型来解释这些规律。"宏观—微观—符号"提供了一种独特的思维方式，它将宏观现象、微观本质和符号模型结合起来，以更加深入地理解物质及其变化规律。此外，"宏观—微观—符号"还提供了一种独特的化学语言和模型，以更好地表达物质及其变化规律。

（三）化学教学任务与价值取向

《普通高中化学课程标准（2017年版2020年修订）》强调：化学课程应在帮助学生掌握"双基"的同时，"加深对科学本质的认识""深刻认识科学、技术和社会之间的相互关系""培养学生的社会责任感、参与意识和决策能力"等。因此，化学教学要让学生掌握"双基"，建立起认识和研究物质及其变化的思路与方法，养成立足于学科视角解决实际问题、参与社会决策的意识与习惯。后者要求化学教学要超越具体的事实性知识，帮助学生在认识活动中建立基本的、核心的学科观念，如元素观、分类观、转化观、微粒观、能量观和绿色化学思想。

另外，《普通高中化学课程标准（2017年版2020年修订）》还提出，应当充分考虑到学生的兴趣爱好、特长以及未来的发展趋势，为他们提供多样的化学教育；同时，应当着眼于21世纪的实际，深入探讨化学、科技及其对应的社会影响，以及它们之间复杂而密切的联系。通过对化学课程的深入探究，我们可以看到它具有多样的选择和独特的魅力，并且具有丰富的实践经验和深刻的思想。它既是为了帮助学生提高能力，又是为了他们的未来做好准备。通过化学教育，可以帮助学生们获得全面的成长，激励他们担负起更多的社会义务，从而达到全面、有效地、充分地实践、追求自身潜能的目标。

研究者指出：化学学科的育人价值主要体现为帮助学生正确认识化学、学会研究化学和科学运用化学三个关键方面。①

因此，我们应该重视"宏观研究整体意识与微观研究探析""变革观点与均衡思维""证明推论与模式意识""科研探索与创新意识""科研心态与社会"中提及的科学观念，以便让他们更加深入地理解和掌握化学的基本原理，从而更加全面地掌握和应用相关的技术和理论。

三、教师如何增进对化学学科的理解与认识

通过深入的化学学科理解，教师可以更好地把握课程的本质，包括其特点、理念、目标以及培养学生的价值。只有通过全面的认知，才能够更好地把握课程的整体性，并且更好地实现课时的教学目标，从而发挥课程的最大效用。要深入了解学科的本质，关键在于准确把握其独特的特征。

（一）增进对学科特质的理解

关于学科特质的理解可以用"学科的基本理论结构"和"学科的探究方法和态度"两个指标来描述它们之间的相互作用。通俗地讲，学科结构主要指向学科知识体系所反映的内在关联及认知逻辑。学科知识体系可以被简单地定义为由事实、概念、方法和观念组成的复杂结构，它们之间存在着密切的联系，这种联系不仅反映了学科之间的相互作用，也表明了学科之间的认知关系。

很明显，强化理论学习和实验反思是提升课程特点认知的有效途径：①教师应加强课程标准、教材、专业期刊的研习和探讨，在理论层面增强对课程特点的认识。其中，课程标准对教学性质与概念、目标与价值、教学内容与实践等进行了详尽规范，这种规定直接或间接地阐述了课程特点，是提升课程认知最有价值的资料；学科专业刊物发表了大量教师PCK专业知识、课程理念、专业思想等方面的论文，对课程特点的认识有帮助。②开展基于教学的实验和反思课程。具

---

① 高爽.化学学科育人价值的重新认识和开发［J］.现代基础教育研究，2012'（09）：187.

体到教育实践中,教师应根据具体的教学进行多方面反思,并通过"WWHW认识论思考模型"[注:"WWHW"是四个英文单词首字母的缩写,该思考模式主要厘清所认识的知识是什么(what)、所认识的知识价值是什么(what)、所认识的知识是如何产生的(how)以及为什么所认识的知识是合理的(why)四个方面]、核心知识的概念图(思维导图)等技术工具,加深教师对课程中基础知识点的掌握,构建起各种知识点之间的基本联系,进而从整体性认识课程、掌握教育科学的本质。在此基础上,教师根据自身的专业理解去设计和开展教学活动,学生根据课堂教学反思自身对教师专业素质的理解等。

(二)深化对学科结构的认识

学科结构反映学科知识与研究方法等的结构关系,包含"学科的基本理论结构"和"学科的探究方法和态度"两个维度。通俗地讲,学科结构主要指向学科知识体系所反映的内在关联及认知逻辑。学科知识体系可简化理解为学科知识间的构成情况与结合方式,是学科事实性知识、概念原理性知识、方法观念性知识等学科知识内在关联的整体性反映,而学科知识的内在关联反映着学科认知的逻辑关系。立足课程视角,任何学科都有自己的知识组织体系及内在的认知逻辑。教师只有掌握学科结构,审视具体内容时才能站在整体性角度,在关注具体内容的同时关注知识的组织及其认知逻辑,从而克服"只见树木,不见森林""只见知识,不见思维"的问题。

为了提高教师对学科知识结构的理解,他们需要了解教材中难点内容的分散安排,以及各种知识的穿插使用。基于这些,他们还需要从学段、模块和课程目标的角度来整理学科知识的组织关系和认知逻辑:①通过分析不同学段的知识分布情况,了解它们之间的纵向发展关系;②通过模块分析,我们可以清晰地理解"蜘蛛网状"中各个模块之间的关系,并且可以推断出它们之间的逻辑关系;③通过对课程目标的分析,我们可以更好地理解"蜘蛛网状"中所有内容是如何帮助实现课程目标的。通过深入探究和分析,教师可以建立一个完整的学科知识体系,并将其组织成一个有机的、有机的结构。这对于更好地理解课程内容,以及培养学生的学科核心素养至关重要。

(三)强化对内容价值的把握

课程内容是学科体系的重要"部件",是达成课程目标、实现学科育人的重要载体。因此，增进学科理解，不仅要在宏观层面理解学科特质、从中观层面认识学科结构，还需要在微观层面认识课程具体内容承载的教学功能价值。只有如此，才能准确制定相应内容的学习目标，才能通过教学活动达成学科课程的育人功能。

对于课程内容，课程标准采用"模块—主题—内容条目"三层结构来组织，这样的组织形式暗示着课程内容为主题服务、主题又为达成模块功能服务。因此，课程内容认知价值的分析，应立足于模块功能和主题统整的视角，按特殊的分析路径（图6-5）加以把握。这一模型强调，对于课程内容认知价值的分析，应从课程内容所处的模块与主题入手，立足于"模块定位""主题组织""单元要求"三个维度，同时结合"教学提示""学业要求"等栏目，对课程内容的认知价值进行整体性思考。其中，模块定位分析强调从模块课程目标的视角，分析模块对课程内容提出的认识需求以及课程内容如何促进模块功能达成等；主题组织分析要求从学习主题层面，根据主题所包含的内容条目、呈现顺序及其逻辑关系，揭示课程内容的认识功能、学习研究的认识思路；单元要求分析则立足于课程具体内容，根据"内容标准"所描述的认识建构情境、认识途径及结果要求等，提炼课程内容的认识要求。通过这样的分析，将有助于把握课程标准对具体课程内容提出的促进学生学科核心素养发展所应承载的功能价值。

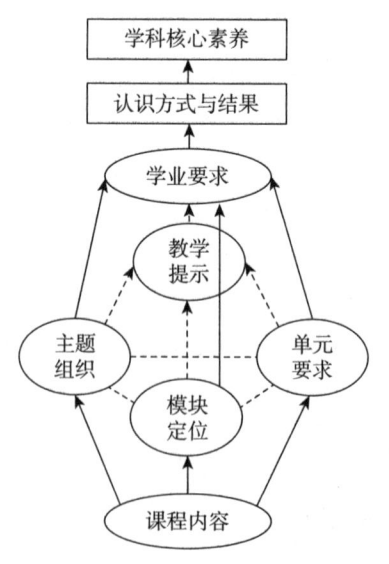

图6-5 课程内容的价值分析路径

总之，教师如能深入开展前述学习研究与教学实践活动，将能较好地理解学科特质、认识学科结构、把握知识价值，进而增进对学科的深刻理解。在此基础上，教师个体可以自觉地运用自己所建构的学科理解去指导教学活动，从而更好地培育学生的化学学科核心素养。

第三节　提升教育教学认知素养

教育教学活动是一个复杂的系统，系统中包含了不少要素。立足于教学过程中主客体关系的角度，教学系统的主要构成要素包含教师、学生、教学媒介（含教材、教具、实验等，本节主要指教材）等三个方面。教学过程就是系统中诸要素相互联系、相互作用从而培育与发展学生学科核心素养的过程（图6-6）。教育教学过程中，为达成学科核心素养培育的目标，教师应扮演怎样的角色并发挥怎样的作用，学生在学习过程中又将承担怎样的职责义务？教师应如何用好教材这一重要的课程资源，如何创设教学情境并规划与组织教学活动？教师应如何让学生参与学习活动，教师与学生应如何互动，学生之间应如何互动？这些问题都是教师应该思考的。而决定教师对这些问题认识以及思考的结果，是教师自身对教育教学以及教材功能等方面的理解与认识。这些方面的理解与认识，便是教师个体的教育教学认知。显然，教师的教育教学认知素养，对教学活动的规划与实施以及学科核心素养的培育起决定性作用。

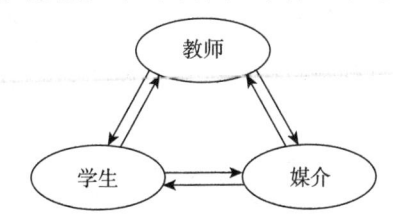

图 6-6　教学系统三要素及其相互作用

一、为何强调提升教师的教育认识素养

不难理解，课堂是培育与发展学生学科核心素养的主渠道。教学过程中，教师如何规划与组织教学活动，必将直接影响素养培育目标的达成。例如，

在课堂教学中，执教者采用"教师讲、学生听"的被动学习方式开展教学，必然无法培育学生解决陌生、复杂情境中问题的能力，因而也就不可能培育学科核心素养；相反，若教师注重引导学生调用已有认知经验开展陌生情境中真实问题的探究，并在问题解决过程中丰富与发展学生认识视角，帮助学生建构认识思路、形成与问题解决相匹配的认识方式，则能很好地落实学科核心素养的培育。

无疑，教学规划与实施时，教师如何利用教材这一重要课程资源并创设相应的教学情境，如何组织学生开展学习活动，开展怎样的学习活动等，都将受制于教师个体的"教学观""师生观""教材观"等教育教学认识。前述的"教师讲、学生听"或组织学生开展基于真实情境下的问题分析解决活动，正是教师不同教育教学认知的体现。因此，要在课堂教学中有效培育学生的学科核心素养，必须提升教师教育教学认识素养，确保教师的教育教学行为符合教育教学本质、遵循学生认知规律、符合素养培育规律，通过有效开展基于化学学科核心素养培育下的课堂教学发展学生学科核心素养。

二、教师应具备的教育教学基本认识

（一）建立科学的"教学观"

所谓"教学观"，可简单理解为教师头脑中所建构起来的关于教与学的本质、过程与结果等基本看法的认识框架。显然，教师的"教学观"会反映在教师的教学决策和行动表现中，对教学活动规划与教学价值追求起着指导、监控和制约作用，并对学习活动与学习结果产生影响。因此，教师应建立科学的"教学观"，并以其为行动指南指导教育教学的开展，从而有效培育与发展学生学科核心素养。

教师如何建立科学的"教学观"？其核心在于正确认识教与学的关系这个贯穿于教学全过程的基本问题。对于两者关系的认识必须明确：教学是师生交往、积极互动、共同发展的过程；学是本原性的，教是条件性的，教必须服务于学；学习是学生基于已有经验并经自主意义建构，从而改造已有经验的过程。立足于学科核心素养培育，还应该认识到素养发展是一个自主建构、不断提升的过程，是学生围绕特定任务开展分类与概括、证据与推理、模型与解释、符号与表征等具有学科特质的学习活动①，从而丰富认识视角与认识思路，形成正确价值观念、必备品格和关键能力的过程。

（二）培育正确的"师生观"

教育是培养人的活动，其目的在于促进学生素养的发展。如果说"教学观"反映教师对教与学的本质、过程与结果等的基本看法，那么对教育活动过程中教师与学生应承担怎样的角色、发挥怎样的作用、建立怎样的关系等方面的认识，则对应为教师的"师生观"。无疑，教师的"师生观"对课堂教学文化、教学结构、教学环境等方面产生重要影响，进而制约着素养培育目标的达成。

素养的发展是学生自主建构的过程，这就强调将学生置于学习主体的地位，学生是学习活动的积极参与者、知识意义的主动建构者。学生学习主体作用与意义建构能动性的发挥，有赖于教师充分发挥教学的主导作用，做好学生学习活动的组织、引导、参与等工作。教师主导作用、学生主体作用的充分发挥，离不开平等、和谐、民主的课堂氛围与师生关系。因此，教师应树立"教师是学生学习的合作者、引导者和参与者；学生是学习的主体，是发展的人、独特的人和具有独立意义的人""教师在教学中的核心价值在于为学生的学习与发展提供指导和帮助，从而促进学生主动、生动活泼地发展"的"师生观"。

（三）建构合适的"教材观"

《普通高中化学课程标准（2017年版2020年修订）》指出：化学教材是化学课程的物化形态和文本素材，是实现化学课程目标、培育学生化学学科核心素养的重要载体。因此，重视教材这一重要的课程资源，充分发挥教材这一教学系统媒介的作用，是培育学科核心素养的关键。教材对培育学生学科核心素养作用的发挥，受到教师个体"教材观"的影响与制约。所谓"教材观"，是教师对教材性质、教材价值以及教材处理基本规律等一系列问题的理解与认识。教师必须树立正确的教材观。

新一轮基础教育课程改革强调课程功能从过分注重知识传授转向培育学生学科核心素养。课程功能的转变，导致教材的编写理念、价值取向等的转变。

---

① 中华人民共和国教育部. 普通高中化学课程标准（2017年版）[M]. 北京：人民教育出版社，2018：74.

专家指出，教材转变的根本特征是"范例性"，即教材不是教师教和学生学的唯一依据，而是引导师生开展教学活动、培育学科核心素养的一种范例和素材；教师不是单纯的教材执行者，而是教材的使用者和开发者，强调"用教材教，而不是教教材"。此外，教师教学和学生学习的实践是重要的教学生成性资源，对培育学生学科核心素养而言，这一资源是教材文本资源的必要补充和教材文本资源一道应发挥的功能价值，从而促进学生学科核心素养的全面培育。

三、如何提升教师教育认识素养

加强专业知识学习、提升教学理论认识，是提高教师教育教学认识素养的重要路径。为此，教师应认真学习课程改革理论，研究课程方案和课程标准，把握核心素养的内涵与实践策略等。丰富的专业知识与扎实的理论功底，将为教师教育教学认识素养的提升奠定基础。然而，理论与行动间是有一定差距的，要提升教育教学认识素养，还需扎实开展教育教学实践活动，将"静态的文本理论"转化为"可操作的行动理念"。在教育教学实践活动中提升自己的教育教学认识素养，其核心在于利用相关理论指导教学实践并加强教学实践反思。这就强调教师要结合具体的（自己或他人的）教育教学实践活动，深入思考与分析执教者教学行为背后隐含的"教学观""师生观""教材观"等教学见解与观念，分析这些教学见解与观念是否与课程改革要求相一致，并提出改进策略。以下重点从三方面加以论述。

（一）对"教学观"的审视反思

教师可结合下述几方面对执教者（自己或别人）的教学设计与实施行动进行深入思考，从而判断执教者的"教学观"与课程理念、学科核心素养培育要求是否一致。

1. 对教学本质理解的反思

教学过程实质上是教师指导下教学系统要素间多向互动从而促进学生实现意义建构并达成学科核心素养培育目标的过程。围绕这一教学本质，可开展如下反思：教学过程关注知识掌握还是素养发展？创设怎样的学习情境、设置怎样的教学问题驱动学生自主、合作学习？如何引导并关注学生提出问题、做出假设并开展探究？课堂教学是否给予学生充分思考、交流、表达的时间？是否关注到课堂教学中的生成性问题？是否主动根据教学生成调整教学策略？每个学习阶段结束时是否引导学生自主梳理、深入反思？教学结束后学生的认识角度与认识思路是否得到发展与完善，认识水平是否得到提升？等等。

2. 对学习条件把握的分析

"学习需要原理"和"有意义学习原理"是有效学习开展的两条基本原理，也是培育学生学科核心素养的行动理念。为此，可进行如下教学反思：教学起点行为确立是否依据学生现有的认识方式与水平？创设怎样的情境来激发学生学习积极性？设置的问题是否符合学生的认识水平、符合学生的"最近发展区"的发展？小组合作学习中是否给学生明确的职责、具体的任务和必要的指导？教学任务如何与学生的认知经验以及生活实践相联系、如何与具体的素养培育任务相关联？教学活动规划是否综合考虑知识的逻辑顺序、学生的认识顺序与认识心理发展顺序？教学过程如何促进学生认识视角与思路的丰富、完善与发展？等等。

3. 对教学结果认识的思考

学科核心素养的培育，强调通过问题解决活动，使学生的价值观念、个性品质与关键能力等得到发展。新课程强调，师生在教学过程中交往与互动。交往与互动意味着师生共同参与、共同发展，即课堂教学并不是单向输出（教师）与输入（学生），而是教学相长和共同发展的过程。因此，教师对教学结果的反思，不仅要思考学生在学科知识与技能等方面得到怎样的培育与发展、认识角度与认识思路得到怎样的丰富与完善，还要思考自己得到怎样的发展——即通过本课教学，自己在学科理解、教学认知和学情把握等方面增进了哪些认识？对课堂教学如何培育学科核心素养有哪些经验值得总结与反思、后续教学可如何改进？等等。

立足具体的课时教学，围绕执教者对教学本质理解、学习条件把握以及教学结果认识三个方面进行诊断分析，本质上就是对"教学观"的分析反思。这样的反思，核心在于揭示执教者对教与学的本质、过程与结果等的基本看法，从而对发展教师的教育教学认识、有效开展学科核心素养培育大有助益。

（二）对"师生观"的反思诊断

教学实践中，可结合下述问题线索，通过对教育教学活动中教师的角色定位、学生的行为参与、教师与学生的教学关系开展对师生教学角色的认知诊断。

1. 对教师角色定位的反思

是否认同教师是"平等中的首席"的观点？课堂教学主要以讲授为主还是关注问题导引、启发思维？是否注重引导学生开展分类与概括、证据与推理、模型与解释、符号与表征等具有学科特质的学习活动？是否经常走下讲台、走到学生中间，及时关注学生学习状态并给予指导？课堂教学时，是否留给学生足够的活动时间？是否经常提供给学生必要的教学资源并提出驱动性问题供学生思考？等等。

2. 对学生参与学习的反思

选择教学方法时，通常考虑哪些方面？认同学生具有自主学习、主动探究、自我反馈的能力吗？在教学目标与教学活动设置时，是否关注层次性和多样性？学生学习时，是否善于多角度看待问题，问题解决的思路是否清晰并富有逻辑？如何看待学生课堂中提出的"怪"问题？如果有学生对自己的教学提出建议，是否认真倾听并愿意接受？如何对待学生在课堂学习中出现的问题和错误？采用怎样的方式来评价学生的学习与素养达成？等等。

3. 对教学中师生间关系的反思

执教者是否认同教学过程是师生交往互动、沟通交流的过程？如果认同，会采取怎样的手段来促进师生互动交流？是否认同学习过程是师生分享彼此思考、交流情感与体验从而实现师生共同发展的过程？如果认同，采取怎样的策略来分享思考、交流情感与体验？是否认同构建平等、民主、和谐的师生关系？如果认同，采取怎样的措施来构建这样的师生关系？等等。

围绕上述三个方面进行深入反思，从而检视执教者是否认同"教师主导、学生主体，教师的核心价值在于为学生的学习与发展提供指导和帮助，从而培育与发展学科核心素养"的"师生观"，这对提高教师的教育教学认知素养同样也起到很好的作用。

（三）对"教材观"的认知诊断

教学实践中，教师应立足学科核心素养培育与发展的要求，结合下述问题线索，侧重从教材功能价值理解、组织结构线索和资源开发利用等三方面对教学设计与实践进行深入的审视与反思。

1. 对教材功能价值理解的反思

对于本课，执教者如何界定其在教材（课程）系统中的地位和作用？教材提供了哪些文本、图表、实验、作业等教学资源，它们是如何承载学生学科核心素养培育与发展价值的？基于对课程标准的理解和教学资源承载功能价值的认识，确定了怎样的基于学科核心素养培育的课时（或单元）教学目标？相应的教学目标与教材提供的教学资源有怎样的关系？等等。

2. 对教材组织结构认识的反思

根据对本节教材编写意图和教材内容呈现顺序的分析，怎样看待教材内容的逻辑组织线索？这一组织线索反映了怎样的知识逻辑顺序，体现了怎样的学习认知顺序和心理发展顺序？这一逻辑组织线索是否符合学生的认知发展规律和心理特点，是否有助于学生认识角度的发展、认识思路的建构？如果不符合，应该做怎样的重组与整合以促进学生认识发展与素养培育？等等。

3. 对教学资源开发使用的反思

为达成教学目标，如何充分挖掘教材素材的功能价值并予以合理使用？除使用教材所提供的资源外，还开发和利用了哪些资源来创设学习情境、引导学生开展学习？为适应学生情况以及课堂教学生成，对教材提供的哪些资源进行了替换，从而保证教学目标的真正落实、全面落实？教学过程中，如何处理学生对教材内容提出的不同见解或疑义、如何处理教学过程中师生互动生成性资源？等等。

上述反思，实际上要求教师对教材的性质特征、功能定位、组织线索与开发使用等一系列问题进行梳理，从而诊断自己对教材的相关理解与认识。在自我反思的基础上，将自己对教材的理解与认识和新课程所倡导的"教材观"相对比。这有助于教师调整、修正自己的错误认识，并对培养教育认知诊断能力起到很好的促进作用。

综上所述，我们强调教师个体对自己所建立的教与学的条件与本质、师生的角色定位、教材的功能价值等三个方面的认识进行深刻反思诊断。这样的反思诊断，对教师个体了解自己的"教学观""师生观"和"教材观"等教育认知现状具有非常重要的意义。

第四节 培育学情分析诊断能力

有效的教学活动，离不开对学情的分析与把握。正如奥苏贝尔在其著作《教育心理学：一种认知观》中所论述的："如果我不得不把教育心理学的所有内容简约成一条原理的话，我会说：影响学习的最重要的因素是学生已知的内容。弄清楚这一点后，进行相应的教学。"因此，培育与发展教师学情诊断能力对基于化学学科核心素养培育下的课堂教学活动有重要意义。以下就学情分析诊断能力的内涵及实践培育加以论述。

一、为何强调开展学情分析诊断

"学习是指由经验引起的学生知识变化"，这一定义强调，学生所发生的知识（事实、程序、概念、策略以及信念等）变化是由学生经验引起的。课堂学习中，学生的知识为何会发生变化？显然是因教师创设特定的学习情境并操控学生经验的结果。正所谓"教学是教育者对学生的经验进行操控从而促进学生的知识发生变化的过程"。因此，教与学活动的开展，必须十分关注学生的已有经验。[1] 对学生已有经验的分析判断，便是学情诊断。

基于学科核心素养培养的化学教学，旨在培养和发展学生的化学学科核心能力。这强调我们不仅要帮助学生系统掌握化学知识，还要注重学生认知视角的构建和发展，以独特的方式研究物质及其变化，帮助学生形成和完善认识物质及其变化的思想或框架，改变其性质和规律，从而培养和发展学生在化学领域的思维方式和能力解决真正的化学问题，帮助学生形成正确的化学价值观概念。核心学科能力的指导和发展始终以学生现有的素养水平为基础，通过开展丰富的学习活动来实现。因此，即立足于化学学科，分析学生现有的认知观点、认知想法和对材料的认知水平及其变化，从而确立适当的教学起点，准备适当的情境和问题，并选择合适的教学方法。课堂教学的关键是培养核心能力。

这里我们以初中化学"燃烧与灭火"为例进行论述，虽然学生在之前学习氧气时已经认识到有些化学反应需要点燃、加热才能发生，但是尚未建立从化

---

[1]〔美〕理查德·E.梅耶.应用学习科学——心理学大师给教师的建议[M].北京：中国轻工业出版社，2016：14，52.

学反应条件的视角看待化学反应，未能建立起"反应物—反应条件—物质变化与能量变化—化学变化的应用"的化学反应认识思路，更没有意识到可以通过条件的控制使化学反应朝着人们需要的方向发展。为此，本课教学应立足学生当下的素养水平，引导学生回顾氧气的实验室制取、木炭在空气或氧气中燃烧等相关反应，开展化学反应是否需要条件、为何需要条件、调控条件对燃烧产生怎样的影响（燃烧反应发生或消除、燃烧剧烈或不剧烈、燃烧完全或不完全等）、人们如何调控反应条件从而实现应用反应满足人类需要等相关问题的讨论，从而建立起化学反应需要一定条件、条件改变会影响化学反应、可通过调控条件改变（利用）化学反应等的认识，建构从反应条件审视化学反应的视角，建立"反应物—反应条件—物质变化与能量变化—化学反应利用"的化学反应系统认识，从而培育与发展"变化观念与平衡思想""科学态度与社会责任"等维度的学科核心素养。

二、基于素养培育的学情分析诊断

王磊等通过实证研究，发现学生的化学学习动机水平、自我效能感、情感态度等方面，对化学学科核心素养的培育均有显著的直接影响，尤其是学习动机水平的影响最大。[①]

为培育学生的学科核心素养，应深入开展前面叙述的学情分析诊断。学情分析诊断是一个涉及多层次、多要素的系统工程，以下结合沪教版初中化学教材第4章"认识化学变化"，并从学生知识基础、思维特点、认识角度与思路以及化学学习情感态度四个方面加以探讨。

（一）学生的知识基础与掌握水平

学科核心素养是在具体化学知识学习过程中建构起来的，而化学知识的学习必然以原有认识经验为基础。因此，化学教学时，必须准确分析诊断学生已有的知识基础以及掌握水平。明确学生学习前已有的知识基础，不仅对确立教学起点有指导意义，而且能为教学重点、难点的确立提供依据，从而为教学设计与实施指明方向。

如学习"燃烧的条件"前，学生的化学学习水平和日常经验如下：学生对物质燃烧及其现象比较熟悉，对燃烧需要可燃物和氧气的认识也比较到位，

[①] 王磊，等.基于学生核心素养的化学学科能力研究［M］.北京：北京师范大学出版社，2018：149.

但由于受生活经验的影响，大部分学生会认为"点燃"是燃烧的条件。此外，学生虽接触了一些需要特定条件的反应，但没能建立起反应条件与化学反应的关联性认识。因此，教学时帮助学生认识"点燃"的本质，建立"化学反应需要一定条件"的观点是本课的重难点内容。明确这些，教学时就可从学生熟悉的燃烧现象及有关物质在氧气中燃烧等反应入手，引导学生认识化学反应中的物质变化与能量变化，感知"点燃"的本质是提供热量使可燃物温度达到着火点等。

（二）学生的学科思维特点与水平

不同阶段的学生具有不同的思维特点，而且随着学习的深入，对学生的化学思维水平提出的要求越来越高。化学学科核心素养的培育，正是基于化学学习的需要，分阶段培育与提升学生的思维水平。因此，化学教学时，应基于学生的年龄特征及化学学习的阶段要求，准确诊断学生的思维特点与水平，并根据化学教学的需求，采取有效的手段，促进学生思维的发展。

在学习第4章之前，学生已通过空气中氧气含量、水的组成、物质化学式含义等的学习，初步感知定量研究对物质组成认识等的意义，但缺乏定量研究物质组成与变化的理性思维，更没有建立"宏观—微观—符号"认识物质、研究物质的三重表征学科思维，而这些方面正是"宏微结合""变化平衡"等学科核心素养培育的关键。为此，第4章教学时，要结合模型、动画等直观教学手段，帮助学生建立起化学反应的本质、化学反应的规律、化学方程式的意义等认识，建立起化学反应质量守恒（宏观表征）、化学反应本质（微观表征）、化学方程式（符号表征）间的关联，从而培育学生"宏观—微观—符号"三重表征思维。

（三）学生的认识角度与认识思路

学科核心素养的培育，需要高度重视学生化学认识角度和认识思路的形成，以此发展学生化学学科思维方式，提升解决化学问题的能力。显然，从化学学习进阶角度看，随着化学学习的深入，化学认识视角与认识思路将不断得到建构与完善。因此，实施基于化学学科核心素养培育下的课堂教学的化学教学，要分析当下学生的认识角度与认识思路水平，并找到进一步发展认识角度与认识思路的切入点，有效开展化学教学。

在学习第 4 章之前，学生主要从物质（反应物和生成物各是什么）的角度及物质是否变化的思路来认识化学反应。虽然接触了一些关于化学变化的条件、化学变化的本质（微粒重组）、化学变化的规律（元素种类不变）以及化学变化的价值（可以通过化学变化制备物质）等知识，但没有上升为物质运动变化的研究视角。显然，这样的认识角度和认识思路决定了学生对化学变化的认识水平是非常粗浅的。第 4 章的学习，以"认识化学变化"为标题，以"燃烧与灭火""质量守恒定律""化学方程式及其计算"等为内容，正是基于前面章节的学习，帮助学生多角度认识化学变化，建立较为系统的研究化学反应的认识思路。因此，该章教学应结合学生的已有知识经验，超越具体事实性知识，帮助学生建立从物质、条件、规律、本质、符号与定量等多角度认识化学反应，建构"反应物—反应条件—物质变化、能量变化、质量变化—化学反应本质与符号表征—化学反应利用"的化学反应认识思路及"宏观—微观—符号"三重表征认识化学反应的学科思维。

（四）学生学科学习的情感与态度

很多研究都表明，学生对学科的情感、对学科学习的兴趣、对学科社会价值的认识等，不仅是学科学习的结果，还是参与学习过程并对后续学习结果产生影响的重要因素。而学科学习的情感与态度，又会受到学习内容难易程度、学习内容的价值理解等的影响。因此，化学教学过程应密切关注学生对待学科的情感、学科学习兴趣的变化发展等，并通过帮助学生理解学科社会价值、有效突破学习障碍等手段，重拾学习信心，认同学科学习价值，以培育正确的学科情感与态度等。

研究还表明，不少学生从开始九年级化学学习到第 3 章"物质构成的奥秘"学习结束，由于学习难度不断增大、记忆性内容不断增多、内容抽象性不断增强，对化学学习的兴趣与积极性逐步消退。因受社会负面认识（如认为环境问题、食品安全问题等是化学造成的）、教师教学不当（引入容易造成学生对化学形成负面认识的不当案例，强调实验安全问题时夸大实验危险事故等）的影响，再加上教师教学时不善于结合具体教学内容让学生充分感悟化学的社会价值，许多学生没有建立正确的化学认识，影响进一步学习的兴趣与积极性。正是因为这些原因，学习九年级化学前三章后，学生群体化学成绩出现较大的分化，这是第 4 章教学必须面对的问题。这就强调，教师应充分理解第 4

章的教学定位，在帮助学生建构认识物质变化的新角度、新思路的同时，让学生认识研究化学变化的逻辑性、相关知识的关联性，从而认识到化学知识的内在逻辑联系，解决对化学知识散而乱的认识问题；同时，指导学生立足化学条件的认识，感悟人们可通过调控条件使反应朝着预期的方向发展，理解与认同化学对促进社会和谐发展的重要价值等。

三、教师学情分析诊断能力的培育

学情分析诊断能力是教师立足于具体教学要求，对学生已有的知识基础、认识思维、学习情感态度及可能存在的学习障碍等方面进行分析研判的能力。显然，这一能力不可能自发形成，而是教师个体在长期教学实践中发展起来的。它有赖于教师对学生认知发展规律、认知思维特点和学科学习进阶等专业理论的认识，更离不开教师的教学研究与实践，尤其离不开与学生的互动交流、对教学实践问题的分析与反思。这就不难理解"不同类型教师的学情理解水平、学情把握诊断能力有显著差异，且新手教师的学情理解水平与诊断能力远低于专家型教师"的调查结论。实践证明：加强教育学与心理学等相关理论的学习，并以此理论为指导积极开展课堂教学与教学研究，是发展教师学情分析诊断能力的基本路径与有效策略。

（一）在理论学习中增进学情认识

1. 加强教育学、心理学等理论的学习

学生群体由于年龄、阅历基本相仿，因此他们的认知特征与情感特征总体相近。目前，教育学、心理学等研究揭示了不同年龄阶段学生的认知、情感特征。如认知特征方面，中学生大体处于形式运算的认知发展阶段，能符合逻辑地解决抽象的问题，思维更具有科学性等；但高中与初中学生抽象思维水平有差异：初中生倾向于经验型的抽象逻辑思维，而高中生则向理论型抽象思维发展。因此，加强教育学、心理学等相关理论的学习，有助于把握相应学段学生的心理发展状况、学习思维特点、认识发展水平等，有助于了解学生认知的风格类型及其在学习活动中的具体表现，从而为学情的分析与把握奠定理论基础。

2. 加强文献研究，把握学生认知状况

学生认识状况（含认知经验、认知进阶、认知障碍等）诊断分析是学情诊

断的重要内容。对学科教学而言，立足于具体内容，准确把握学生的前概念及认知障碍，是学情分析的关键，对教学设计与实施具有重要作用。目前，不少学者开展了此方面的研究，广大教师可借助文献检索技术和数据库，把握学生认知情况，提升学情分析诊断水平。

（二）在实践中提升学情分析诊断水平

1. 在日常教学中研究学情

教学设计是教师日常最重要的工作之一，它需要教师结合教学要求和学生情况，对课堂学习活动进行规划。显然，做好这一工作对培育与发展学情分析诊断能力、把握学生水平具有重要意义。对于教学设计，确定教学出发点和教学难点是两项关键性工作。

确定教学出发点，先要分析新课学习所需的知识支撑、心向需求（即学习动机与态度）和思维支持。分析时，可用"任务分析理论"为指导，采用"逆向分析策略"来进行（图6-7）。教学实践中，教师可结合如下问题开展：①对于本课，课程标准提出哪些学习内容；②根据学习内容及学业要求，应设置哪些学习目标；③为达成目标，需要哪些知识支撑、思维支持和怎样的学习心向（学习三条件）；④从过往经验看，学生认知现状与学习三条件是否匹配；⑤如果不匹配，有何缺失或者需要怎样强化。最后，基于前面的分析，确定教学出发点。

图6-7 教学出发点确立的思考

对上述思考做出进一步分析，还能确定教学难点，同时建构突破难点的教学策略。分析思考如下：①学生认知现状与三个学习条件存在哪些方面的不匹配；②不匹配的条件将对哪些内容学习产生影响；③由于学生认识的缺陷，将对哪些内容的学习产生重要的阻碍作用；④教学时，应该为学生学习提供怎样的条件以降低或消除学生认知缺陷对学习的阻碍作用等。这样的分析思考，不仅明确了教学难点并知道其成因（问题③），而且提出了突破难点的教学对策（问题④）。

2. 在教学观摩中诊断学情

教学观摩评议教研活动对培育教师的学情分析诊断能力具有极为重要的价值。课堂学习过程是学生围绕教师预设的学习活动达成学习目标的过程，而教师预设的学习活动是根据自己对学习目标的理解和学生情况的把握等来设计规划的（图6-8）。适合学情的教学，应确保教学目标、学生情况、学习活动三者一致或高度匹配。因此，可通过"目标—活动—学情的一致性"分析来提升学情分析诊断水平。

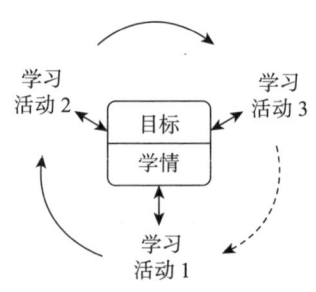

图 6-8　学习活动的设置与规划

活动前，要求执教教师对学情、教学目标与学习活动三者的关系进行分析，即让执教教师介绍对如下问题的思考：本课学习之前，学生的认知情况如何？前述学情预判依据何在？基于学情预判和课程标准要求，确定怎样的学习目标？达成相应目标应设置怎样的学习活动？各学习活动期望学生有怎样的表现？……观课教师结合情况介绍，立足自己的学情分析判断，对执教教师的学情分析及教学设计中"目标—活动—学情"三者匹配性进行深入的对比与分析，并建立起自己的初步评判。

观摩时，开展"活动—活动表现—目标"相关性观察。具体操作为：结合课堂教学进程，观察、思考如下问题：教师在怎样的情境下安排怎样的学习活动？学生活动表现如何，与课前预期是否一致？不一致的表现体现了教师在学情把握上存在怎样的缺失？等等。此外，还可以结合课堂生成与教学活动调整来进一步监控教师对学情的动态分析把握。观察思考路径为：表现不一致时，教师教学做出了哪些调整？这一调整体现了教师对学情产生了怎样的新认识？基于新的教学安排，学生课堂表现有怎样的改进？若学生表现未得到改进，又反映了教师在学情把握上存在哪些偏差？

评议时，结合课堂观察结果（尤其是反映学情把握不准确的结果），和参与活动的教师一起交流研讨，从而进一步诊断梳理学情、提出教学改进策略。

如果能够更进一步，对课后评议研讨情况进行总结，形成案例研究类文章（可按"课堂教学现象描述"目标—活动—学情的一致性分析"教师学情把握缺失揭示"及"问题解决对策与教学建议"等方面的先后线索来组织），不仅有利于资料积累，还有利于学情分析诊断活动经验与策略的系统总结，从而更好地提升教师的学情分析诊断能力。

第五节　课堂教学监控能力培育

基于化学学科核心素养培育下的课堂教学的主要目的，是教师基于自身的课程与教学理解，通过设置教与学活动方案并在课堂中实施，从而培育与发展学生的学科核心素养。教学方案是否合理、如何结合课堂教学生成情况对教学方案进行调整以达成学科核心素养培育的目标，需要教师对教学全过程开展相应的监控诊断活动。这就要求教师提高教学监控诊断水平与能力，从而提升教学质量。

一、教学监控及其功能

（一）教学监控

课堂教学是一个极其复杂的系统，系统中存在着人（教师与学生）、物（教学媒介）和环境（教学环境）等要素。教学时，要素间相互联系与作用，其结果决定了课堂教学的质量与效益。要切实提高课堂教学质量与效益，就要求教学过程中不断地对系统要素间的联系与作用进行有目的的监控，使得教与学活动有目的、有计划地开展，最终实现预期教学目标。因此，课堂教学监控是课堂教学管理的重要环节，是提升课堂教学质量与效益的重要手段。

所谓"监控"，是指在一定目标、计划或原则指导下，为消除现实状况与预期目标之间的差异而采取的操作与管理措施。对于课堂教学，"监控"在于达成预期的教学目标，因此教学目标成为监控课堂"教"与"学"行为有效性的标准。因此，课堂教学监控可理解为：在课堂教学过程中，为达成预期的教学目标，通过对作用于课堂"教"与"学"行为的时间与空间、内容与对象、方式及要求等进行积极主动的计划、检查、评价、反馈、控制与调整,从而使"教"与"学"行为朝着预期的方向进行并最终达成课堂教学目标。

(二)教学监控的功能价值

林崇德指出:课堂教学活动作为一种认知活动,教师脑袋里内隐着一个监控教学活动的思维结构。这一监控思维结构,对教与学认知活动起着定向、控制和调节的作用。正因为教学监控在课堂教学过程中发挥这些作用,教师才能基于课堂教学中教与学的状况及时发现问题,并根据教学目标要求和学生实际情况合理调整教学规划与教学策略,减少教学活动的盲目性,增强教学活动的针对性,从而提高课堂教学效果。因此,教学监控具有如下三个功能:第一,保障性功能。这是课堂教学监控最基本的功能。体现为课堂教学监控活动在于发现教学问题、调控教学行为,从而保证课堂教学活动顺利进行。第二,研究性功能。此功能意味着教师通过对学生学习行为与结果的监控并开展学习行为与结果关系的研究,从而深化对学习规律的认识,积累解决教学问题的经验。第三,发展性功能。即教师通过对课堂教学的精准监控、对教学活动的有效调节,从而为学生持续有效学习创造条件,提升教学效果。这是课堂教学监控的最终目的和最重要功能。[①]

二、课堂教学监控的内容与行动机制

(一)课堂教学监控的内容

课堂教学监控把课堂教学活动作为意识对象。课堂教学活动包含教与学活动的目标与要求、内容与载体、时间与空间、方式与频度、质量与效率等多个方面,这些方面具有紧密的逻辑关系——教与学活动的内容与载体、时间与空间、方式与频度受制于教与学活动的目标与要求,决定了教与学活动的质量与效率等。因此,课堂教学监控,将立足于教与学活动的目标与要求(对应为教学规划时确立的活动目标)以及教与学活动的质量与效率(真实结果)两者的一致性,以此来监控教学规划中教与学活动的内容与载体、时间与空间、方式与频度的有效性和适切性以及教与学目标的达成度等,并基于存在的问题对教与学活动进行调整或重置,以通过调整或重置教与学活动来达成活动预期目标

---

① 吴晓义.发展性教学监控的理论研究[J].教育理论与实践,2008(07):53-54.

（图 6-9）。

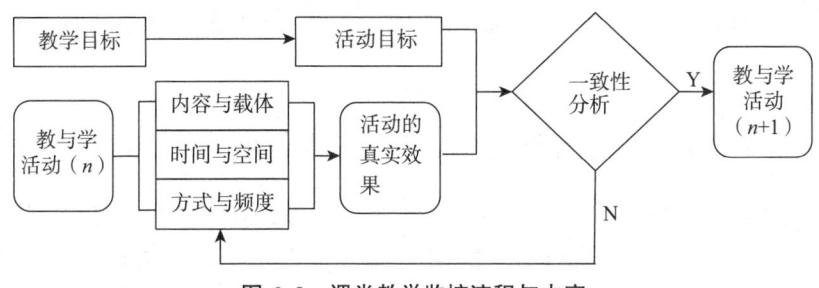

图 6-9　课堂教学监控流程与内容

（二）课堂教学监控的运作机制

根据美国心理学家弗拉维尔的"元认知"理论，课堂教学监控属于"元认知监控"，是教师个体在教学活动中，自觉、积极地对组织开展的教与学活动进行监视、控制和调节[①]。教学监控运作机制如图 6-10 所示。

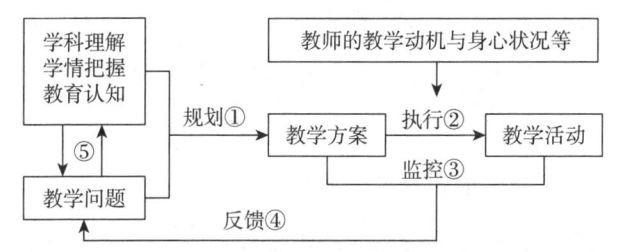

图 6-10　教师教学监控运作机制

由图 6-10 可知，教学监控运作主要包括三个过程：一是计划与预期，即教学设计时，教师先立足于自身的教学素养（包含学科理解、学情把握与教育认知）和本课教学需要解决的任务与要求，制定教学目标，规划教学方案（①）；二是执行与监控，在确定教学目标与任务、规划教学方案的基础上，组织开展课堂教与学活动（②），并对教学活动进程及结果进行监控（③）；三是反馈与重构，基于教学监控获取的课堂教与学活动状况，发现并反馈当下活动存在的问题（④），在此基础上，迅速调用教学经验、重构解决问题的方案（①）、组织教学活动（②）并开始新一轮监控。

显然，课堂教学监控作用的有效发挥，不仅受到教师教学素养（包含学科理解、学情把握与教育认知）的影响（影响教学规划或基于监控后的教学重

---

① 苗怀仪. 高中化学教师教学监控能力的分析与培养策略［D］. 长春：东北师范大学，2008：4.

规划),而且受到教师的教学动机、身心状况等的影响(影响教学监控的主动性、积极性和敏锐性)。要提升监控作用的效果,必须提升教学专业素养、激发教学动机。

三、在教学监控诊断活动中提升教学监控水平

教学监控能力和其他教学关键能力一样,是教师在教学实践过程中发展起来的。培育与提升教师的教学监控能力,显然离不开教学监控理论性知识的指导(包括教学监控理论、教学监控方法及教学监控策略等),但更为重要的是结合自己或他人的课堂教学,开展教学监控诊断活动,以分析自己或他人的教学监控行为与能力,从而总结经验、提升监控水平。

教学监控诊断活动是根据教学监控流程与内容及其运作机制,对执教者课堂教学中教学监控的及时性与准确性、对教与学活动调整或重组的针对性以及促进教学目标达成的有效性等作出分析,从而评判教师教学计划与准备、反馈与评价、控制与调节和课后反省等监控情况,并对教学监控中存在的问题及其成因进行剖析的教学研究活动。显然,这样的教学研究活动,有助于提升授课者和诊断活动参与者的教学诊断能力。

(一)针对自己教学监控开展的诊断活动

对于自己教学监控的诊断活动,侧重在课后开展基于教学监控的反思。反思时,可结合如下反思清单,仔细分析自己教学监控开展情况。反思清单如下例所示。

1. 教学规划的监控

①学生学习过程中可能会在哪些环节或内容上存在障碍?障碍的类型和成因如何?②根据障碍类型与成因,采用怎样的方法与途径来监控学生是否存在相应的障碍?③如果学生确实存在学习障碍,我将如何调整教学规划以适应学生学习需求?④基于教学规划的调整,怎样监控调整实施后的教学效果?

2. 教学执行的监控

①课前预设的学习障碍是否在课堂教学中真实发生?②根据课前的教学调控预设,调整后的教学是否有效?如果没有,我是如何进一步调整的?③除教学规划时的预设外,课堂上还观察到哪些"异常"现象?这些"异常"现象的成因何在?我是如何根据成因调整教学的?是否取得预期的教学效果?④对于

课堂出现的某些"异常"现象，是否存在无法判断其成因的现象？这对我的教学产生怎样的影响？

3. 教学监控的监控

①基于本课的教学监控活动，哪些经验值得总结提炼，哪些问题需要分析反思？②对于课堂无法解决的"异常"问题，教学后我是否找到了成因及解决对策？③基于学生作业完成情况（尤其是存在的问题），对课堂教学监控有怎样的启示？④若让我重新开展本课的教学，我的教学监控活动将怎样改进（或重设计）？

此外，还可结合课后作业的批改，诊断教学目标达成情况，反思学生学习存在的问题，进而反思自己的课堂教学为何未能很好地监控与发现等。教师若能开展这些方面的教学监控反思，对于发展与提升自己的教学监控能力从而提升教学监控诊断水平也大有助益。

（二）基于观课议课活动的教学监控诊断活动

此类诊断活动，将以观察、测量、评价等为手段，基于课堂教学监控的真实开展情况和诊断者的教学素养，对教师的课堂教学监控能力与水平做出分析与评判。

1. 教学监控的诊断流程与内容

结合前述"课堂教学监控流程与内容"，列出如图 6-11 所示的诊断操作流程与要素。

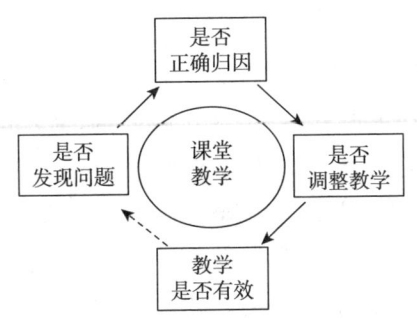

图 6-11　教学监控诊断操作流程与要素

（1）诊断教师"是否发现问题"。课堂教学监控的核心在于发现教学问题、改进教学活动以提升教学效果。因此，诊断教师课堂教学监控的关键是教师能否根据课堂教学活动的真实情况，准确捕捉到教学存在的问题。

（2）诊断教师"是否正确归因"。在捕捉到教学问题的基础上，还需要分析教师能否科学、准确地对存在的问题进行归因，即思考问题出现的原因——是教的问题还是学的问题。显然，问题归因诊断是教学监控诊断的一个核心工作。

在初步判断是教师的教还是学生的学的问题（或者两个方面都存在问题）的基础上，还需进一步深入分析具体的原因。对于教，是否因为目标要求不合适、任务指向不到位、组织呈现不恰当、教学指导有瑕疵等；对于学，是否因为知能储备不到位、行为参与不主动、认知参与不到位、情感参与有欠缺等。

当然，对于课堂教学监控的即时诊断，往往无法直接对教师"是否对问题正确归因"进行诊断。但是，诊断活动时，可以结合教师对教学方式的调整情况来进行分析。这是因为，教师对教学活动的重组与调整，是基于对问题归因而进行的。对于一些缺乏教学经验的年轻教师，也可能并未对问题进行归因便直接调整自己的教学行为。对于这个方面，可结合教学后的访谈来进一步深入诊断。

（3）诊断教师"是否调整教学"。从实践操作来看，教师意识到问题存在时会有两种不同的表现：一是漠视教学问题的存在；二是根据问题调整自己的教学。对于第一种表现，核心原因在于教师未能找到问题的归因，因而不知道该怎样调整自己的教学；对于第二种表现，也有两种情况——一是没有找到问题的归因，但既然教学出现了问题，便被动地调整自己的教学；二是能够找出问题的归因，并能根据问题的原因有针对性地调整教学。

在开展教学监控诊断的时候，很关键的一点是要正确研判教师教学行为转变是否有归因以及归因与教学调整的相关性如何。高水平的教学监控，教学行为的调整一定是与教学归因高度一致的。准确开展这方面的诊断，对探索总结教学规律、促进教师专业发展有非常重要的意义。

（4）诊断"教学是否有效"。除上述外，还需对调整后的教学进行观察，确定经调整后的教学是否有效，毕竟教学监控的目标在于改进课堂教学、提升课堂效率。

一般情况而言，只要能对发现的问题进行正确归因并根据问题归因重置教学活动，教学是能够取得好的效果的。但是，教学毕竟是一个复杂的系统，教学问题的成因往往是复杂的、多样化的，在课堂教学即时环境下，教师对教学问题的归因往往只会关注一两个方面，并针对这一两个方面的归因进行教学调整或重组,重组后的教学并不一定能取得显著的效果。

教学监控诊断时,就要围绕不良或不佳的教学效果,重新审视教学问题及对问题进行多方面的分析归因,从而破解有问题、有归因、有教学调整但教学效果不佳的问题。这样的诊断,往往涉及教学问题的内核,对促进教师专业发展、提升教学质量具有关键性的意义。

需要指出的是,对问题的归因、问题归因与教学行为调整之间的关系是内隐的,而教学问题的发现、教学行为的改进与改进后的教学效果是外显的。这就要求在教学诊断时,应立足于是否发现问题、教学行为改进与教学效果的优劣来判断教师教学监控的内核——是否有效对问题进行归因、是否根据问题归因来重组教学,从而诊断教师教学监控的能力与水平。

2. 诊断活动工具的开发

为了更好地开展观课议课的教学监控诊断活动,开展教研活动时,最好能够提供一种有利于观察、记录以及后续研讨的教研工具。根据课堂教学监控操作流程及相关要素,可利用表格做现场记录与分析(表6-1)。

表6-1 课堂教学监控活动现场记录与分析诊断表

记录项目	课堂教学"异常"状况	预判问题的及时性	教学活动的改进	教学改进的效果
主要内容				
监控情况分析诊断	1. 预判的问题及其合理性分析: 2. 问题归因及其合理性分析: 3. 问题归因与教学改进、教学效果一致性分析: 4. 其他分析:			
结论与建议				

此外，课堂教学现状的观察与诊断，是诊断者立足于自己的观察和个体经验，对教师课堂教学监控情况作出的主观性的分析判断。由于是诊断者的主观分析判断，可能与真实情况存在差异，因此，还应借鉴表6-2对执教者进行访谈，以了解执教者的观点与想法，有可能的话还应该对学生进行访谈。

表6-2 课堂教学监控访谈提纲与结果记录

访谈问题	访谈者回答
1．请紧扣本课教学中印象最深的监控活动，谈谈如下问题： ①你是根据什么"异常"现象来判断教学出现问题的？ ②对于出现的问题，你认为问题的成因何在？ ③基于问题成因，你提出了怎样的对策？ ④根据问题对策，你对教学活动做了怎样的调整？ ⑤教学调整后，达成目标了吗？判断的依据何在？ 2．对于本课教学，你有没有感觉到出现"异常"现象但无法判断教学究竟出现了什么问题，或者明白出现的问题但不知道问题成因及（或）解决问题的对策？ 3．教学中，还应该观察到你可能未关注到的一些异常现象。下面是对这些异常的研判及改进意见，你如何看待？	

3．集体交流研讨

基于课堂现场观察和课后访谈，诊断者将对教师课堂教学监控获得较为充足的事实依据。在此基础上，诊断者进一步归纳、整理与提炼，形成较为完整的诊断报告。然后，参与诊断活动的全体教师汇报自己的诊断报告，并开展集体交流研讨，从而形成对教学监控诊断的共识，完成最终的教学诊断监控报告。

第六节　培育与提升教师的课程意识

课程意识是教师的专业意识，其本质是教师的课程观，是教师基于课程理论学习和课程实践经验建立起来的对于课程的理解、看法、观点和态度。课程意识是教师对课程问题的系统性认识。学科教学是课程实践的重要组成和关键活动，教师的教学行动理念必将受到课程意识的制约。

研究表明，由于受"课程即知识"传统观念的影响，目前广大中小学教师的课程意识处于"迷失状态"[1]。具体表现为：绝大部分教师站在学科知识本位的立场看待课程、实施教学，导致学科教学的结果是让学生记住了大量的事实性知识，而学科素养没能得到应有的培育与发展。为适应课程改革的需要，有必要指导教师树立正确的课程观、培育正确的课程意识，以此指导开展基于化学学科核心素养培育下的课堂教学，从而实现培育学生学科核心素养的课程目标。

一、准确理解课程意识

（一）课程意识的内涵

近年来，不少学者开展了关于"课程意识"的研究。由于不同学者研究视角各不相同，因此在"课程意识"概念的表述上有很大的差异。但只要系统地加以梳理，便能发现不同的概念均包含"课程系统的基本认识"及"课程实践的自觉行为"两个核心方面，认为课程意识反映了教师对课程系统相关要素的基本理解，决定了教师课程行为的相关取向。余文森指出："教师的课程意识指的是教师对课程意义的理解、对课程本质的把握，以及对课程价值的定位，从而将其内化于自我意识系统之中并现实性地指导自我课程实施（包括课程计划、规划、实施等）的课程哲学。"[2]

基于此，可将化学教师的课程意识理解为：化学教师立足于基础教育课程理念、化学课程性质与目标的认识以及化学教育教学实践活动等建构起来的化学课程的系统性认识，并运用系统性认识指导化学教育教学实践与反思等相关问题的自觉程度。其内涵主要包括两个方面：①化学教师课程意识是对化学课程系统的整体性认识（如对化学科学的本质、课程性质、课程目标、课程结构等的理解），其核心是教师的化学课程观；②化学教师课程意识作为教师处理化学教育教学问题时有目的、有组织的自觉和能动反映，将在化学教育教学活动中得到体现。

---

[1] 沈建明.教师的课程意识与专业成长[M].杭州：浙江大学出版社，2009：7.
[2] 余文森.核心素养导向的课堂教学[M].上海：上海教育出版社，2017：125.

（二）课程意识的构成要素及其关系

课程意识反映了教师对课程的系统性认识，并对课程实践活动发挥指导作用。而教学活动作为课程实践的重要活动，其行动理念反映着教师的课程意识。为更好地理解课程意识，在综合考虑课程的基本要素（课程目标、课程内容、课程组成与课程评价）和教学实施需要思考的关键内容基础上，我们认为课程意识应包含"主体意识"（教师对课程系统中师生地位与作用的理解）、"目标意识"（教师对课程目标的定位与其功能的把握）、"资源意识"（教师对课程资源的种类、开发及功能价值的认识）、"过程意识"（教师对教学本质与条件、教学行为及其意义所持的观点）和"评价意识"（教师对评价功能定位及组织实施的看法）五个基本要素。[①] 显然，课程意识的五个要素是相互联系的，五个要素统一于教师的教学行动理念，反映在教师的教学行动之中。结合五个要素的基本内涵，我们提出如图6-12所示的各要素间关系。

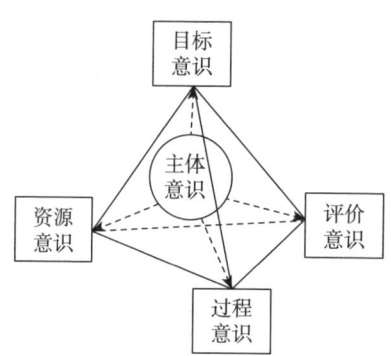

图6-12　课程意识要素及其关系

1. 主体意识是教师课程意识的核心

美国学者古德莱德按层次将课程划分为意识形态课程、正式的课程、领悟的课程、运作的课程和经验的课程等五种类型。根据这一课程分类理论，课程实践活动的本质就是要将正式的课程转化为学生经验的课程。这一课程类型的转化，需要教师以积极的姿态和课程开发者的身份来领悟与运作课程，需要教师充分发挥学生在课程转化过程中的地位和作用。无疑，教师的"主体意识"影响乃至决定了教师对课程的理解、对学生在课程运作中作用的认识，以及课

[①] 杨梓生，吴菊华. 中学化学教师专业发展的十二堂必修课[M]. 上海：上海教育出版社，2015：217-218.

程运作中开展的所有活动，包括目标制定、资源开发、过程优化以及评价实施等，因而它是教师课程意识的核心。

2. 目标意识是教师课程意识的关键

课程实施以达成课程目标为最终目标。因此，课程实施过程中的教学资源开发、教学策略选择是为教学目标的达成服务的。而教学评价虽是为检测教学目标的达成程度，但其价值在于利用评价结果更好地服务于教学目标的达成。所以，教师如何理解意识形态的课程及正式的课程从而制定怎样的课程目标，将决定着教师在课程实施中选择与开发怎样的教学资源、安排怎样的教学过程以及如何利用评价结果促进（改进）教学。因此，教师的目标意识决定了教师的资源意识、过程意识与评价意识，即教师的目标意识是教师课程意识建构的关键。只有建构起科学、准确的目标意识，才能发展其他方面的课程意识。显然，立足于课程改革的需求，教师应将培育与发展学生学科核心素养作为课程运作的最高追求。

3. 评价意识、资源意识和过程意识是教师课程意识的外在表征

在课程研究与理解过程中，教师的主体意识、目标意识得到形成与强化，并逐步作为指导教学实施的核心观念。开发课程（教学）资源、实施教学过程与开展教学评价等教学活动将在这一核心观念指导下得以不断地推进，使得课程与教学目标有效落实。因此，评价意识、资源意识和过程意识是教师课程意识的能动反映。当然，教学活动是一项十分复杂的实践活动，仅有行动理念指导是不够的，它需要在观念的指导下，开展"精耕细作"的活动。这一"精耕细作"，不仅是资源意识、过程意识、评价意识丰富、完善的过程，还是检验、评价主体意识、目标意识的过程。因此，教师通过教学设计与实践活动，在形成与培育资源意识、过程意识与评价意识的同时，将这些意识与主体意识、目标意识统整起来，从而促进教师课程意识系统化、整合化与科学化。

二、教师课程意识的培育与提升

根据前述分析可知，基于化学学科核心素养培育下的课堂教学需要建立与之相匹配的教师课程意识。然而，课程意识不是自发产生的，而是教师基于课程与知识、课程与教学关系的理解并经历"实践—认识—再实践—再认识"的过程发展与丰富起来的。研究发现："对教师课程意识影响因素进行分析是

一个比较复杂的过程",教师的内部条件(如学历、教学经历、自觉的反思意识等)及外部条件(所处学校的教师培训、课程制度、评价制度)等能影响教师的课程意识。因此强调:教师课程意识的培育,不仅要关注教师个体的教学观念、教学研究与教学实践反思,还需要学校创造适宜教师课程意识培育的课程管理、教学研究、研修培训等相关制度。以下侧重从教师自身的角度来加以论述。

(一)切实转变课程观

"课程意识的形成,是建立在自觉的有意识的观念转变基础之上的。合理的课程观对教师的课程意识、教育行为起着指导思想的作用……只有课程观念发生了合理的转变,才可能生成合理的课程意识。"[①]因此,教师正确的课程意识的培育与提升,首先要切实转变并建构科学的课程观。

1. 自觉加强课程论、教学论等相关教育教学理论学习

研究者指出:"良好的课程知识结构是生成课程意识的重要基础。教师应加强理论学习,掌握理念、课程目的、课程内容、课程实施等方面的课程知识,建构自己的课程结构。"系统的教育教学理论学习,特别强调教师应正确理解课程与知识、课程与教学的关系,并形成如下认识:"课程即知识"属于片面的课程认识,课程的学习是让学生体验各种各样的经历并将学科知识、师生个体经验以及活动体验等转化为自己的认识,从而掌握知识、训练方法、培育情感、建立学科价值观等;教师应扭转传统的教学观,认识到教学不只是对既定课程的执行与传递,更是对课程的创生与开发。师生不是游离于课程之外,而是课程的组成部分,是课程的开发与建设者。[②]

2. 建构符合课程观的课程意识

前面已介绍,教育的教学意识主要分为"主体意识""目标意识""资源意识""过程意识""评价意识"等五个方面。经过上述关于课堂与学习、课堂与教学的研讨,教师应该建立如下的教育意识:①课堂不只是教师学习的载体,而是教师和学生共同探求新知的过程;②教师和学生也是课堂的主体建设者和主体,教师和学生共同的体验也是课堂的主体构建内容;③教师也是课堂教学研究的开拓者、课堂研究的主体参加者,学生是课堂学习与内化过程中的发展主体性功能;④课程目标不仅要让学生掌握化学专业

[①] 郭元祥. 教师的课程意识及其生成 [J]. 教育研究,2003(06):37-38.
[②] 王长江等. 课程意识的含义、价值与生成 [J]. 现代教育论丛,2007(02):12.

知识，还应当培养教育思维、提高学生创造力、培育性格品质、培养学生正确价值观念等；⑤化学教育资源的提供与利用应当以学生课程目标为导向，应当围绕学生的化学知识水平发展，并为学生化学专业核心素养的培育与发展服务；⑥学生应当开展基于化学专业核心教学下的教学活动而不是"知识为本"的课程，着重设计具有化学专业特色的形式丰富多样的课程活动，并鼓励学生积极参与、主动建构；⑦学校确立"评价促发展"的理念，注重"教、学、评"的一体进行，着重检查学生的基本认识角度发展情况和学术思维发展状况以及综合素养发展水平，并利用教学评估促进学校课堂教学、促进学校发展。

（二）培育与提升反思性实践能力

"教师的反思性教育实践能力是课程意识生成的基础。反思是一种自觉的行为，是自我建构教育理念的过程……通过自觉反思，课程意识将得以逐步明确。"① 为何强调反思？这是因为课程意识对教师的教学行为起着定向、指导、调控等重要作用。教师的教学行为折射出教师的课程意识，通过反思自己的教学行为所折射的教学意识和课程理解，可为课程意识的培育奠定基础。那么，教学实践中教师应如何进行深度教学反思，从而有效培育、激发并提升自己的课程意识？

实际上，这些是教师课程意识五个构成要素的具体反映。为此，我们认为教师深入开展"教育认知""学科理解""学情把握""资源开发"及"评价应用"等五个方面的反思，将有利于教师课程意识的培育与提升。② 具体分析如下。

1. 对"教育认知"的反思

"教育认识"属于教师头脑中的专业思想与理念，是教学行动的指南，体现了教师对教学本质、学习条件、教学结果等的认识，是"主体意识"和"过程意识"的主要体现。实际操作中，执教者可以下述问题为抓手，结合自己的教学进行反思。

（1）为达成素养培育的目标，教学应设置怎样的典型教学活动？

（2）创设怎样的情境、使用怎样的策略来驱动教与学活动的开展？

---

① 郭元祥. 教师的课程意识及其生成 [J]. 教育研究，2003（06）：37-38.
② 杨梓生，吴菊华. 中学化学教师专业发展的十二堂必修课 [M]. 上海：上海教育出版社，2015：225-232.

（3）教学活动中，教师主导、学生主体及师生互动是如何体现与发挥的？

（4）教学实践中，教学活动是否达成了预期的学习目标？

（5）这些教学活动体现了自己怎样的"师生观""教学观"等教学理念？

（6）后续教学时，教学行动可怎样改进和优化？依据何在？

2. 对"学科理解"的反思

"学科理解"不仅反映教师对学科知识内容的认识，还包括对学科性质、结构、思维方式以及学科在文化和社会中存在意义等的认识，是"目标意识"的集中反映。反思时，教师可结合下述问题对自己的课堂教学进行反思。

（1）从所教学科的整体角度，本课内容对学生的认识发展具有怎样的价值？

（2）本堂课时包含哪些核心内容？各内容按照怎样的逻辑来组织？

（3）本堂课内容与前后章节有怎样的关联？如何体现承上启下的作用？

（4）本堂课的学习，将促进学生的认知角度、认识思路得到怎样的发展？

（5）根据教学内容承载的价值，制定怎样的目标来指引学生的多元发展？

（6）根据本堂课核心知识特点及教学目标要求，应选择怎样的教学策略？等等。

3. 对"学情把握"的反思

"学情把握"是指教师对学生整体情况（包括学生拥有的学习前经验、认识水平与思维方式等）的理解与把握，它对教学起点确立、教学目标制定与教学活动规划产生影响。"学情把握"也是教师"主体意识""资源意识"的重要体现，教学反思需要关注的主要问题包含如下方面。

（1）学习本堂课时，学生已经具备怎样的学科认识与素养发展水平？

（2）学生知识经验可作为怎样的教学资源，在教学中如何加以利用？

（3）教学起点的设置如何体现学生已有的认识经验？

（4）教学目标如何根据学生可能达到的发展水平来设置？

（5）教学问题设置、问题解决方式及教学活动安排是否符合学生整体水平？

（6）如何根据不同学生的需求，设置多样化、有层次的学习要求？

4. 对"资源开发"的反思

"资源开发"体现了教师对教学资源的种类与功能、教学资源的开发与利用等方面的认识、实践与思考，是"资源意识"的主要体现。在具体的课例反思活动中，执教者可围绕下列问题深入展开。

（1）教材作为最重要的课程资源，对学生认识角度与认识思路的建构、丰富与发展起到怎样的作用？

（2）如何根据优化教学、促进学生发展的需要，对教材进行加工处理？

（3）如何根据教学要求和学生实际，把知识的学习转化为学生的问题解决活动？

（4）如何根据课堂教学中教师、学生与教学媒介间的互动情境而获取课堂教学生成性资源并加以利用？

（5）教学设计时，除教材外，开发了哪些课程资源并如何加以利用，从而为课程价值的实现、学生的发展提供保障？

5. 对"评价诊断"的反思

"评价诊断"表现为教师采用怎样的理念来指导评价，如何结合教学目标要求和学生实际来实施教学评价以及如何运用评价结果来指导、调控自己的教学行为等，是"评价意识"的具体反映。具体可结合下述提纲开展"评价诊断"的反思。

（1）教师是如何看待教学评价的？

（2）教学中，教师是如何发挥评价的诊断与激励、评价的教育与发展功能的？为达成这样的功能，分别采用了怎样的评价方式？这些评价方式是否很好地落实了这些功能？

（3）教师是怎样根据课堂教学目标来改进教学行为和调控教学过程？

（4）课堂教学中，教师是如何通过教学起始时的诊断性评价、教学过程中的形成性评价、教学结束后的终结性评价来评价学生通过学习取得怎样的发展，并以此来激发学生学习动机和热情、了解学生课堂教学需求、发现和拓展学生多方面潜能？

（5）教师如何根据事实证据来评判，如通过本堂课教学，学生的认识角度、认识思路得到应有的发展与完善、学生的学科核心素养得到应有的培育与发展？

事实证明，教师如果能够在课堂教学过程中不断地从以上五个方面有意识地反思自身的课堂教学，不但能很好地充实自身的教育理论素养、发展自身的课程意识、提高自身的课程能力，并且还能够较好地树立起在教学实践过程中的主题意识、目标意识、资源意识、流程意识和评价意识，提高对教学意识的敏感度与自觉的程度，进而使教师的课堂意识由"迷失状态"向"正确状态"发展，并使"正确状态"的教学意识向课堂行为转变，从而实现教师在积极推动自身学科发展的同时，更有效培养和发展学生的专业核心素质。

参考文献

[1] 彭笑刚.物理化学讲义［M］.北京：高等教育出版社，2012.

[2] 郑长龙.化学课程与教学论［M］.长春：东北师范大学出版社，2005.

[3] 郑长龙.初中化学新课程教学法［M］.长春：东北师范大学出版社，2004.

[4] 何贵明.高中化学优秀教学案例：化学核心素养教学实践［M］.长春：东北师范大学出版社，2018.

[5] 何贵明.基于核心素养下的高中化学教学［M］.长春：吉林文史出版社，2020.

[6] 杨涵雄，李晓军，吕晓燕.核心素养视域下高中化学教学实践思考［M］.西安：陕西师范大学出版总社，2021.

[7] 温海波.基于学生核心素养培养的化学教学实践［M］.长春：吉林出版集团股份有限公司，2019.

[8] 王素芬.高中化学核心素养教育与探讨［M］.长春：吉林人民出版社，2019.

[9] 汲晓芳.基于核心素养的高中化学课堂教学研究［M］.长春：吉林人民出版社，2021.

[10] 张莉波.决胜高中化学课堂——基于核心素养培育的化学教学探微［M］.武汉：湖北人民出版社，2021.

[11] 陈瑞雪.高中化学结构化教学［M］.北京：化学工业出版社，2021.

[12] 高英华.基于学科核心素养的高中化学单元复习研究［M］.济南：山东大学出版社，2018.

[13] 苏芸，刘燕.学科核心素养的养成［M］.福州：海峡文艺出版社，2017.

[14] 何大明，廖运飞，谭远聪.高中化学教学核心素养与微观探究［M］.延吉：延边大学出版社，2018.

［15］中华人民共和国教育部.普通高中化学课程标准（2017年版）［M］.北京：人民教育出版社，2018.

［16］王磊.基于学生核心素养的化学学科能力研究［M］.北京：北京师范大学出版社，2018.

［17］古书奇.自主学习视角下的高中化学实验教学探析［J］.化工管理，2015（35）：76.

［18］李鹏.高中化学教学中引发学生自主提问的策略分析［J］.求知导刊，2016（6）：112.

［19］龚龙生，冯福良，王铮，等.基于自主学习的高中化学课堂教学策略研究［J］.福建教育学院学报，2016（2）：105-107.

［20］董丽丽.高中化学教师在培养我们自主学习能力过程中的角色转变［J］.读与写（教育教学刊），2016（6）：132-133.

［21］李昊欣.基于核心素养的高中化学教学实践［J］.试题与研究，2021（35）：175-176.

［22］韩雪.基于核心素养的高中化学教学探究［J］.新教育时代电子杂志（教师版），2021（31）：23-24.

［23］高旺珠.基于学科核心素养的高中化学教学［J］.试题与研究，2021（13）：115-116.

［24］陈英瑜.新时期基于核心素养的高中化学教学实践研究［J］.试题与研究，2022（12）：8-9.

［25］闫海荣.探讨核心素养的高中化学教学目标设计研究［J］.试题与研究，2023（3）：93-95.

［26］史晓静.指向核心素养的高中化学项目化学习研究［J］.高考，2022（10）：66-68.

［27］辛向阳.基于核心素养的高中化学创新思维培养策略［J］.基础教育论坛，2023（2）：91-92.

［28］郭春波.基于核心素养的高中化学建模教学分析［J］.吉林教育，2022（9）：62-64.